W0084558

Katharina Adams

Mein Genussgarten

Ulmer

Katharina Adams

Mein Genussgarten

Blühende Beete, lauschige Sitzplätze,
kleine Geschenkideen und
leckere Rezepte aus dem Nasch-
und Küchengarten

Inhalt

Selbst gemacht ist's am besten. Kleine, einfache Projekte für Sie und Ihren Garten:

Mein Garten als Energietankstelle

Sicher ist es Ihnen auch schon so ergangen: Sie kommen nach Hause, sind vielleicht abgespannt von der Arbeit, aber sobald Sie aus der Terrassentür treten, in Ihr Gartenparadies blicken und tief einatmen, beginnt alles von ihnen abzufallen. Sie tanken auf.

Gärten haben für Menschen zu allen Zeiten und in allen Kulturen eine besondere Rolle gespielt. Sie dienten natürlich einerseits der Versorgung mit frischem Obst und Gemüse, was vor allem für die Bevölkerung auf dem Land wichtig war. Andererseits waren Gärten aber immer auch eine Quelle der Freude und des Genießens. Wer es sich leisten konnte, ließ sich einen Garten anlegen, in dem er lustwandeln und sich an schönen und seltenen Pflanzen erfreuen konnte. Das waren vor allem Könige, Fürsten und Grafen, die die finanziellen Mittel hatten, Gartenkünstler und Architekten zu beauftragen, ihnen prunkvolle Wohnsitze mitsamt den entsprechenden Parks zu entwerfen. Später konnte sich auch das wohlhabende Bürgertum Gärten leisten, die einfach nur der Entspannung und Erbauung dienten.

Wie gut ist es doch, dass sich heute fast jedermann mit Blumen und ein paar Gemüsepflanzen umgeben kann. Klar, nicht jeder nennt einen großen Garten sein Eigen, aber auch eine kleine Parzelle Land oder ein winziger Balkon erwecken in uns diese Freude und Naturverbundenheit.

Gartenarbeit macht glücklich

Inzwischen hat sich auch die Wissenschaft mit der wohltuenden Wirkung des Gartens beschäftigt. Sie hat bestätigt, was wir eigentlich schon immer wussten: Ein Garten ist gut für die Seele, der Umgang mit Pflanzen macht glücklich, und die Arbeit im Garten ist sowieso gesund. Selbst Unkraut jäten oder Rasenkanten schneiden wird von den meisten Gärtnern nicht als langweilig und belastend beschrieben, sondern als Möglichkeit, in Ruhe den eigenen Gedanken nachzuhängen. Und nach getaner Arbeit blicken sie stolz auf das, was sie geschafft und geschaffen haben.

Die positive Wirkung von Gärten auf den Menschen wird auch zu Therapiezwecken eingesetzt. Es gibt Duft- und Tastgärten für Blinde, Gärten der Begegnung in Krankenhäusern und Altersheimen. Gemeinschaftsgärten zwischen Wohnblocks in der Großstadt sind eine Bereicherung in der Nachbarschaft und für manche Kinder der Grundstein ihrer späteren Begeisterung für die Natur. Und es gibt natürlich die Schrebergärten. Früher oft belächelt, sind sie mittlerweile in Mode gekommen. Selbst junge Familien lassen sich auf die Warteliste eines Kleingartenvereins setzen und können es gar nicht erwarten, bis sie ihre Parzelle in Besitz oder besser gesagt in Pacht nehmen können.

Was ist entspannender, als nach getaner Gartenarbeit im Liegestuhl zu dösen?

Wohnen im Garten

Für die meisten Menschen bedeutet der eigene Garten hinter dem Haus das Ideal. Rein in die Gummistiefel oder die Gartenpantoffeln und ohne Umschweife hinein ins selbst gestaltete Paradies. Und die Nutzungsmöglichkeiten des Hausgartens sind tatsächlich sehr vielfältig. In der warmen Jahreszeit wird er zum Outdoor-Wohnzimmer, auf der Terrasse können Sie die schönsten Familienfeste feiern, im kühlen Schatten unter Bäumen lässt sich die Mittagshitze verträumen, und an einem geschützten Platz mit Abendsonne verbringen Sie auch im Herbst gemütliche Abende.

Wie im Haus, wird es auch im Garten durch schöne Accessoires und nette Kleinigkeiten wohnlich. Der gedeckte Tisch wird durch ein hübsches Blumenarrangement, und sei es noch so klein, erst richtig einladend. Romantische Windlichter, Laternen und Lichterketten beleuchten sanft den Sitzplatz und schon sitzt man bis in die späten Abendstunden mit Freunden und Nachbarn beisammen, weil es so behaglich ist. Die Krönung wäre natürlich noch eine wärmende Feuerstelle, an der einem auch an einem kühlen Abend ganz warm ums Herz wird.

Leckere Ernte aus dem Beet

Im eigenen Garten wächst das leckerste Obst zum Naschen, aber auch für köstliche, selbst gemachte Marmeladen. Und in einem kleinen Nutzgärtchen bauen Sie all die tollen Gemüsesorten an, die im Supermarkt gar nicht und auf dem Wochenmarkt auch nur selten zu erhalten sind. Versuchen Sie doch einmal Zuckerschoten, Fingermöhren, Pastinaken oder Rote Bete. Diese Gemüsesorten sind in der Pflege völlig unkompliziert und bereichern den Speisezettel ungemein.

Aromatische Kräuter pflücken Sie im Garten kurz bevor Sie sie in der Küche benötigen – frischer geht es nicht! Sie punkten aber nicht nur frisch, die meisten Kräuter und Gewürze lassen sich auch trocknen. So geben Sie im Winter ihr Aroma an Gekochtes und Gebratenes ab. Viele von ihnen ergeben auch wunderbare Tees, besonders die vielfältigen Minzen, die in unterschiedlichsten Geschmacksnuancen von Zitrone über Erdbeere bis hin zu Schokolade immer wieder überraschen und zum Experimentieren einladen.

Willkommen, liebe Gartenbesucher

Sorgen Sie dafür, dass nicht nur Sie, Ihre Familie und Gäste sich im Garten wohlfühlen, sondern denken Sie auch an die zahlreichen Tiere, die sich als Besucher einstellen. Wildbienen und Hummeln zum Beispiel sind dankbar für einen Unterschlupf im selbst gebauten Insektenhotel und revanchieren sich mit fleißigem Bestäuben ihrer Obstbäume, sodass Sie sich über eine üppige Ernte freuen dürfen. Schmetterlinge tanzen durch die Luft und werden Ihnen ein Lächeln aufs Gesicht zaubern, wenn sie auf eine Blüte schweben und einen Moment lang ihre prächtige Flügelzeichnung präsentieren. Die zahlreichen Vogelarten, die in Ihrem Garten Nist- und Schlafmöglichkeiten finden, vertilgen eifrig Raupen, Blattläuse und andere ungebetene Insekten. Welch wunderbares Geben und Nehmen!

Kein Garten ist wie der andere

Jeder Garten spiegelt die Persönlichkeit seines Besitzers wider. Sie geben ihm ein Gesicht und er gibt Ihnen körperlichen Ausgleich, Glück und auch Ansporn, neue Gartenideen in die Tat umzusetzen. Leben Sie in Ihrem grünen Reich Ihre kreative Seite nach Herzenslust aus. Ob Sie aus schönen Stoffen weiche Kissen und Polster nähen, zu Pinsel und Farbtopf greifen, um aus alten unansehnlichen Möbeln wieder wahre Schmuckstücke zu machen oder ob Sie dekorative Pflanzenschilder für Ihre Lieblingsblumen basteln: Dieses Buch gibt Ihnen vielfältige Anregungen und Inspirationen, Ihren Garten zu Ihrer ganz persönlichen Wohlfühloase zu machen. Lassen Sie es sich darin richtig gut gehen!

Mit hübschen Kissen wird jeder Platz im Garten zur gemütlichen Wohlfühlzone.

Blühende Beete

Gartenpflanzen zum Genießen

Ein Garten ohne Blüten ist kein richtiger Garten. Pflanzen
Sie Beete voller Blumen, die duften und Schmetterlinge und
Bienen anlocken, schwelgen Sie in prächtigen Stauden und
Rosen, würzigen Kräutern für die Küche, Schattenstauden
in vornehm zurückhaltenden Blütenfarben.

Zwiebelpflanzen: das i-Tüpfelchen im Staudenbeet

Ein gut geplantes Staudenbeet ist anfangs zwar eine Herausforderung, weil es etwas Zeit in Anspruch nimmt. Aber es lohnt sich! Denn solch ein Beet bietet zu jeder Jahreszeit einen schönen Anblick und erfreut durch gelungene Farbkombinationen unser Auge.

Die schönsten Kandidaten fürs Beet

Bereits im Spätwinter leuchten die gelben Blüten des Winterlings durch das Unterholz.

Eine wichtige Rolle für möglichst lange Blütenpracht im Beet spielen die Zwiebel- und Knollenpflanzen. Die ersten Stauden blühen bis auf wenige Ausnahmen nicht vor April oder Mai, vorher ist also im Beet nicht viel zu sehen. Mit frühlingsblühenden Zwiebelpflanzen kann man diesen Zustand perfekt überbrücken. Aber auch im weiteren Jahreslauf bilden Zwiebel- und Knollenpflanzen eine wunderschöne Ergänzung zu den klassischen Stauden. Mit den folgenden Pflanzvorschlägen blüht Ihr Staudenbeet vom Vorfrühling bis in den Herbst.

Den Anfang machen die Krokusse, zum Beispiel *Crocus chrysanthus* mit zahlreichen Gartensorten, *Crocus sieberi* und *Crocus tommasinianus*. Sie werden abgelöst von den Traubenhyazinthen (*Muscari*), die es in verschiedenen Blautönen und auch in Weiß gibt. Narzissen bringen weitere Farbtupfer ins Beet, angefangen bei den zwergigen *Narcissus cyclamineus* über die zierlichen *Narcissus*-Triandrus-Hybriden bis hin zu den klassischen Osterglocken. Natürlich dürfen auch Tulpen nicht fehlen. Besser als die langstieligen Triumph-Tulpen sind die frühblühenden einfachen Tulpen sowie Kaufmanniana-, Greigii- und Fosteriana-Hybriden geeignet. Denn sie bauen nicht so schnell ab und können jahrelang am gleichen Platz stehen bleiben. Bis auf Traubenhyazinthen und Krokusse pflanzen Sie die Zwiebeln am besten im mittleren und hinteren Bereich des Beetes, damit das nach der Blüte einziehende Laub von höher wachsenden Stauden verdeckt wird.

Aber nicht nur die Frühlingsblüher unter den Zwiebelpflanzen setzen im Staudenbeet Akzente, auch sommerblühende Arten sind zur Stelle, wenn man sie braucht. So können die ab Juli blühenden Lilien die Lücken, die beispielsweise der Türkische Mohn hinterlässt, wenn er nach der Blüte Anfang Juni sein Laub einzieht, schließen. *Lilium regale*, die Königs-Lilie, eignet sich sehr gut, sie bildet im Laufe der Jahre große Horste. Weitere Zwiebelkandidaten für das Staudenbeet sind hoch wachsende Zier-Lauche (*Allium*) und Montbretien (*Crocosmia*). Letzere blühen vorwiegend in Orange- und Rottönen und ergänzen wunderbar die gelben Spätsommerblüher wie Sonnenhut (*Rudbeckia*) und Sonnenblumen (*Helianthus*).

Welche Kombinationen Sie wählen, hängt ganz von Ihrem persönlichen Geschmack und der Farbpalette Ihres Beetes ab. Experimentieren lohnt auf jeden Fall und macht Spaß.

So kommt Farbe ins Beet:
Pflanzen Sie traumhafte
Kombinationen aus Tulpen,
Hyazinthen und Narzissen.

Es blüht im Unterholz

Im Winter und im Frühjahr, bevor sich das Laub an den Gehölzen entfaltet,
gelangt viel Licht und Sonne zu den Pflanzen, die in der untersten „Etage"
wachsen. Später, wenn Bäume und Sträucher ihr Blätterkleid tragen, ist es
schattiger. Dieses Wechselspiel ist charakteristisch für den Bereich mit dem
schönen Namen Gehölzrand. Viele Zwiebelgewächse haben sich perfekt an
diese Verhältnisse angepasst und blühen in der Zeit von Januar bis April, um
danach im Schutz des Blätterdaches einzuziehen und Kraft für den nächsten
Blütenauftritt zu sammeln.
Ab Februar kann ein Beet am Gehölzrand mithilfe der Zwiebelpflanzen in
voller Blüte stehen. Schneeglöckchen und Märzenbecher breiten sich schnell
aus, wenn ihnen der Standort gefällt. Bei den Schneeglöckchen gibt es außer
dem heimischen *Galanthus nivalis* auch verschiedene andere Arten, die teils
höher wachsen oder mit blaugrünem Laub überraschen, außerdem etliche
Hybriden und sogar gefüllt blühende Sorten.

Frühlingsteppiche

Die Niederländer nennen sie Stinzenplanten: Flächig wachsende Frühlingsblüher wie Krokus, Schneeglöckchen oder Winterling. Einmal gepflanzt, verbreiten sie sich von allein immer weiter und erobern ganze Gartenbereiche.
Und häufig wandern sie auch in die Natur oder zum Nachbarn aus.

Clever kombiniert: ein Staudenbeet mit Sommerblumen

Viele Stauden benötigen ein paar Jahre, bis sie zu ihrer endgültigen Größe herangewachsen sind. Um schon von Beginn an eine geschlossene Pflanzung zu erhalten, können Sie die noch bestehenden Lücken ganz einfach mit Ein- und Zweijährigen füllen.

Sympathische Lückenbüßer

Im ersten Sommer nach dem Pflanzen der Stauden setzen Sie eine höhere Anzahl an Sommerblumen als in den Jahren danach, denn anfangs sind die Zwischenräume zwischen den Stauden besonders groß. Wichtig ist, dass die Sommerblumen zwar die Lücken gut schließen, aber die noch jungen Stauden nicht bedrängen. Daher eignen sich entweder relativ niedrige Arten und Sorten oder solche, die eine lockere, luftige Wuchsform haben.
Auch in eingewachsenen Staudenbeeten können immer mal wieder Lücken entstehen, die sich perfekt mit Sommerblumen schließen lassen. Damit die Farbkomposition durch die Sommerblumen nicht durcheinandergerät, sollten Sie beim Kauf von Saatgut in jedem Fall zu richtigen Sorten oder farblich sortierten Auslesen greifen. Und noch ein Tipp: Wenn Sie die Sommerblüher schon früh unter Glas anziehen, blühen sie bereits zum Sommeranfang.

Teamfähige Stauden

Schöne Staudenbeete zeichnen sich durch das Zusammenspiel von Leit- und Füllstauden aus. Leitstauden sind für das optische Gerüst der Pflanzung zuständig und fallen durch ihre markante Gestalt und meist auch durch eine lange Blütezeit auf.
Die hohen Leitstauden werden von Begleitstauden umspielt und ergänzt. Sie sind niedriger und werden hinsichtlich Blütezeit, Blütenfarbe und Wuchsform auf die Leitstauden abgestimmt. Während durch die Leitstauden der vertikale Aspekt in der Rabatte betont wird, setzen die Begleiter vertikale Kontrapunkte, sodass ein spannungsreiches Zusammenspiel entsteht.
Damit die gesamte Pflanzung dicht und geschlossen wirkt, setzen Sie zum Schluss noch die Füllpflanzen ein. Sie besitzen eine luftige Wuchsform und bleiben optisch im Hintergrund, erfüllen dabei aber eine wichtige vermittelnde Funktion. Hier kommen Einjährige zum Einsatz. Besonders wirkungsvoll sind einjährige Kletterpflanzen, die an zierlichen Obelisken emporranken. Einige Stauden sind nicht völlig winterhart und werden daher wie Sommerblumen behandelt. Das Argentinische Eisenkraut (*Verbena bonariensis*)

LEITSTAUDEN UND IHR BEGLEITORCHESTER

Leitstauden:
› Hohe Herbst-Aster
  (*Aster novae-angliae*)
› Rittersporn
› Sonnenbraut
› Stauden-Sonnenblume
› verschiedene Gräserarten
  (beispielsweise *Miscanthus*)

Begleitstauden:
› Taglilie
› Sommer-Margerite
› Phlox

Füllpflanzen:
› Duft-Wicke (mit Kletterhilfe)
› Einjähriges Schleierkraut
› Eisenkraut
› Kalifornischer Mohn
› Kapuzinerkresse
› Mädchenauge

Das spätsommerliche Staudenbeet bekommt durch eingestreute Sommerblumen eine fröhliche und ungezwungene Note.

Fein strukturierte Blumen wie das Schleierkraut verleihen jeder Staudenpflanzung eine sommerliche Luftigkeit. Hier ergänzt es eine Glattblatt-Aster.

beispielsweise ist eine ganz zauberhafte Füllpflanze mit zarten violetten Blütenschirmen. Sie übersteht die meisten Winter nicht, erhält sich aber oft von allein durch Selbstaussaat. Entfernen Sie die Sämlinge nicht, denn sie bedrängen die anderen Stauden überhaupt nicht und füllen Lücken im Beet ganz selbstständig. Wo sie wirklich stören, können sie vorsichtig ausgegraben und an einen geeigneten Platz umgesetzt werden.

Eine besondere Gruppe bilden die sommerblühenden Knollen- und Zwiebelblumen, die wie Sommerblumen verwendet werden können. Dazu gehören beispielsweise Dahlien oder Montbretien. Dahlien können Sie ganz einfach in Töpfen vorziehen und dann im Hochsommer in entstandene Lücken einsetzen. Wenn Sie so vorgehen, dann sind die jungen Triebe nicht durch Schnecken gefährdet. Am besten harmonieren lockerwüchsige, mittelhohe bis hohe Sorten mit kleinen, auch ungefüllten Blüten mit den Stauden im Beet.

Ein kleines Sommerblumen-Inselbeet

Hoher Zier-Tabak (*Nicotiana sylvestris*) eignet sich mit seiner markanten Gestalt gut als Mittelpunkt eines Inselbeetes und wird durch die zarte Erscheinung des Eisenkrauts (*Verbena bonariensis*) in seiner Wirkung noch verstärkt. Die aparte Muschelblume (*Moluccella laevis*) setzt vertikale Akzente, während Blut-Salbei (*Salvia coccinea*), Sonnenhut (*Rudbeckia hirta*) und Niedriger Zier-Tabak (*Nicotiana alata*) für die nötige Fülle sorgen.

Der Wirsingkohl ist mit seinen markanten Blättern eine tolle Ergänzung zu den bunten Zinnien.

Besucher aus dem Gemüsegarten

Sicher hat ein eigener Gemüsegarten seinen besonderen Reiz. Aber manchmal ist der Platz etwas knapp und Sie möchten alle Beete lieber für farbenprächtige Blumen und schöne Gehölze reservieren. Hier erfahren Sie, wie dazwischen dennoch viele Obst- und Gemüsearten ihren Platz finden, denn in Sachen Attraktivität stehen sie den Blumen in nichts nach.

Hoch, höher, Hochstämmchen

Wer sagt denn, dass die Hochstämmchen, die sich zwischen niedrigen Stauden und Sommerblumen erheben, immer Rosen sein müssen. Von der Form sehr ähnlich, vielleicht nicht mit ganz so spektakulären Blüten, dafür aber mit leckeren Früchten, präsentieren sich Beeren-Hochstämmchen. Stachel- und Johannisbeeren machen als Hochstämmchen eine richtig gute Figur. Ihre kleinen Kronen befinden sich praktischerweise in optimaler Erntehöhe, sodass Sie sich beim Pflücken kaum zu bücken brauchen.

Ist Ihr Beet vor einer Mauer gelegen, können Sie dort auch Obst statt der gewöhnlichen Kletterpflanzen ranken lassen. An einer warmen Steinwand reifen Weintrauben und Kiwi. Für halbschattige Standorte eignen sich Brombeeren, deren Blüten zwar sehr klein, aber in ihren Rosanuancen durchaus charmant sind.

Im Vordergrund dürfen sich attraktive Gemüsearten und -sorten zwischen den Blumen tummeln. Fast schon ein Klassiker ist der Grünkohl, vor allem die violetten Sorten, oder der auffällige toskanische Palmkohl, der seinen Namen seiner prägnanten, palmenähnlichen Wuchsform verdankt. Pflanzen Sie den

violetten Grünkohl doch einmal Ton in Ton mit Verbenen, kleinblumigen
rosa Zinnien und niedrigen Sorten der Spinnenblume. Speziell auf Schönheit
hin wurde der bunte Zierkohl gezüchtet, dessen Köpfe gleich in mehreren
Farben leuchten, wenn im Herbst die ersten Nächte mit tiefen Temperaturen
kommen. Zudem sind seine Blätter häufig bizarr gekräuselt und geschlitzt.
Doch er bereichert nicht nur optisch jedes Herbstbeet, sondern schmeckt auch
gut und lässt sich wie jeder andere Kopfkohl in der Küche verarbeiten, zumindest, wenn er aus biologischem Anbau stammt. Beim Kochen verliert sich die
Färbung aber leider.

Einen steilen Aufstieg hat in den letzten Jahren der Mangold hingelegt. Das
liegt nicht nur am Geschmack, sondern vor allem an der Wiederentdeckung
der buntstieligen Varietäten wie 'Bright Lights', einer Mischung in allen
Farben des Regenbogens. Aber auch Auslesen in Solo-Farbtönen mit vielver-
sprechenden Namen wie 'Feurio', 'Vulkan' oder 'Golden Sunrise' lassen die
Rabatte aufleuchten. Mangold lässt sich ebenso wie Salat und Kohl bestens in
Stauden- und Sommerblumenbeeten unterbringen, die ihren Entwicklungs-
höhepunkt erst im Spätsommer und Herbst haben. Denn bis dahin haben
Sie ihn längst abgeerntet und so den nötigen Platz für Dahlien oder Astern
geschaffen.

Übrigens sind auch viele Würzkräuter so schön, dass sie jedes Blumenbeet
bereichern. Denken Sie nur an die attraktiven blauen Blüten von Borretsch
oder die filigranen Gestalten des Dills, der wie alle Doldengewächse seine
zarten Blütenstände anmutig im Wind wiegt.

Gemüse im Landhausstil

Das zwanglose Durcheinander von Schönem und Nützlichem ist typisch für
die traditionellen Cottage- oder Bauerngärten. Blumen für die Vase wachsen
bunt gemischt mit prachtvollen Stauden, und überall dazwischen ist noch
Platz für Kräuter und Gemüse, besonders wenn es sich um dekorative Arten
handelt. So wachsen Mangold, Fenchel oder Stangen-Sellerie neben Ringelblumen und Schmuckkörbchen, im Hintergrund beeindrucken die violetten
Blütenköpfe der Artischocken, die in gleicher Höhe schweben wie hohe
Sonnenblumen. Und Salatköpfe mit glatten oder krausen, einfarbigen oder
kunstvoll gemusterten Blättern kommen zwischen blühendem Schnittlauch
und kriechender Kapuzinerkresse zur Geltung. An Rankgerüsten winden sich
statt der üblichen einjährigen Kletterer Bohnen empor, deren Blüten ebenso
dekorativ sein können, wenn man an die leuchtend roten Feuerbohnen oder
die traditionellen gelb- oder blauhülsigen Sorten denkt.

Im Gegenlicht sieht man erst,
dass der Mangold nicht nur
etwas für den Gaumen ist,
sondern auch das Auge erfreut.

Mal etwas anderes: Gemüse in Kübeln und Töpfen

Der Palmkohl ist so dekorativ, dass er sich durchaus als Solitärpflanze im
edlen Terrakottakübel in Szene zu setzen weiß. Ob in der Mitte eines Beetes
oder als Abschluss eines Gartenweges, in jedem Fall setzen Sie mit ihm effekt-
volle Highlights in Ihrem Garten.

Die schönsten Dauerläufer unter den Stauden

Einige Stauden finden sich in fast jedem Garten, eben weil sie sich durch besondere Pluspunkte auszeichnen: Sie sind langlebig oder bleiben uns dauerhaft durch Selbstaussaat erhalten, einige duften besonders gut, andere überzeugen durch eine sehr lange Blütezeit. Und schön anzusehen sind sie sowieso.

1
2
3
4

1 **Akelei** (*Aquilegia vulgaris*)

Die heimische Akelei ist eine kurzlebige Staude, die sich jedoch reichlich aussät und besonders an halbschattigen Standorten im Spätfrühling ein farbenprächtiges Bild abgibt. Am besten pflanzen Sie sie zwischen andere Stauden oder Bodendecker, die das nach der Blüte rasch einziehende Laub überwachsen.

2 **Taglilie** (*Hemerocallis*-Sorten)

Sie ist eine pflegeleichte Staude für frische, auch feuchte Böden in voller Sonne. Steht sie halbschattig, bildet sie weniger Blüten. Sorten mit kleinen Blüten in leuchtenden Gelb- und Orangetönen eignen sich gut für naturnahe Pflanzungen.

3 **Sommer-Salbei** (*Salvia nemorosa*)

Diese dankbare, lang blühende Staude bevorzugt kalkhaltige, durchlässige, auch trockene Böden. Ein Rückschnitt bis zum Boden nach der Blüte regt den Neuaustrieb und eine Nachblüte im Spätsommer an. Neben verschiedenen Blautönen sind auch weiß und rosa blühende Sorten erhältlich.

4 **Rittersporn** (*Delphinium*-Hybriden)

Er gehört zu den wichtigsten Leitstauden in der Rabatte. Besonders die blau blühenden Sorten lassen sich hervorragend mit Prachtstauden in klaren Farben kombinieren. Ein Rückschnitt gleich nach der Blüte direkt über dem Boden fördert eine Nachblüte im Herbst.

5 **Roter Scheinsonnenhut**

(E*chinacea purpurea*)

Solange der Boden nicht allzu trocken ist, macht diese Staude auch in Steppenpflanzungen eine gute Figur. Es gibt Sorten in Magentatönen und Weiß. Schön ist sie in Kombination mit Gräsern und anderen Beetstauden in zurückhaltenden Farben. Sie eignet sich sehr gut als Schnittblume, sollte jedoch alle 3–4 Jahre geteilt werden.

6 **Phlox, Flammenblume**

(*Phlox*-Paniculata-Sorten)

Der Phlox ist eine prächtige Rabattenstaude mit unübertroffenem Duft. Er lässt sich mit seinen meist sanften Blütenfarben mit allen anderen Prachtstauden kombinieren und gedeiht am besten an Standorten mit hoher Luftfeuchtigkeit.

Vom Garten in die Vase: ein Beet für Sommerblumen

Lieben Sie es auch so sehr, durch ihren Garten zu spazieren, die Nase tief in duftende Blüten zu versenken und die schönsten Blütenstängel gleich für die Vase abzuschneiden? Dann legen Sie sich doch ein extra Beet nur für Schnittblumen an.

Gepflegtes Durcheinander

Bei diesem Beet kommt es gar nicht so sehr auf eine perfekte Gestaltung an. Hier dürfen die farbenprächtigen Sommerblumen bunt durcheinander wachsen und den Charme eines leicht ungeordneten Cottagegartens versprühen. Sommerblumen, also Einjährige und auch einige Zweijährige, eignen sich am besten für solch ein Beet. Sie wachsen rasch heran, sodass Sie immer wieder frische Blüten für den Schnitt ernten können.

Wie legen Sie nun so ein Beet am besten an? Wichtig ist ein sonniger Platz mit einem nahrhaften Gartenboden, auf dem die im Frühjahr selbst ausgesäten oder als Jungpflanzen gekauften Blumen schnell heranwachsen können. Das Schnittblumenbeet sollten Sie an einem gut zugänglichen Platz planen, damit die Ernte leicht fällt und Sie es auch gut pflegen können.

Bei der Gestaltung gehen Sie am besten so ähnlich vor wie bei der Anlage eines Staudenbeetes. Pflanzen Sie die Blumen nach ihrer Höhe gestaffelt. In den vorderen Bereich kommen die niedrigeren Arten, weiter hinten finden so imposante Gestalten wie Sonnenblumen ihren Platz. Steht ein Zaun zur Verfügung, nutzen Sie diesen gleich als Rankhilfe für Kletterpflanzen, beispielsweise für süß duftende Wicken. Um gut an alle Blumen zu gelangen, können Sie einfach ein paar Trittsteine im Beet verteilen. Bei der üppigen Pracht werden sie kaum zu sehen sein.

Je nachdem, wie robust ihre Lieblingsblumen sind, säen Sie sie direkt ins Beet oder ziehen Sie sie im Frühbeet oder auf der Fensterbank vor. Für die Direktsaat reservieren Sie am besten einen kleinen Bereich, den sie sorgfältig von Unkraut befreien und glatt harken bevor die Samenkörner in den Boden gelegt werden. Arten, die eine längere Entwicklungszeit haben und sehr wärmebedürftig sind, werden immer zunächst im Haus ausgesät und siedeln als kräftige Jungpflanzen im späteren Frühjahr ins Beet über.

Hohe Arten lehnen sich an den Zaun

Im Schnittblumenbeet finden übrigens auch Dahlien und Gladiolen perfekt ihren Platz. Gladiolen sehen in der Vase toll aus, im Beet hingegen stehen sie oft etwas steif. Zudem möchten die hohen Sorten gerne angebunden werden,

SOMMERBLUMEN ZUM AUSSÄEN

Diese Sommerfarbtupfer lassen sich problemlos direkt ins Beet säen:
› Löwenmäulchen
› Marienglockenblume
› Sommeraster
› Trichtermalve

Diese Pflanzen eignen sich ebenfalls für die Direktsaat, blühen aber etwas später, als wenn Sie sie vorziehen:
› Mädchenauge
› Schmuckkörbchen
› Tagetes

Pompon-Dahlien bilden
besonders viele Blüten aus, sie
halten sich lange in der Vase.

Mit einem solchen Sommer-
blumenbeet haben Sie stets
genügend Blühendes für bunte
Sträuße parat.

sie knicken sonst leicht ab. Hohe Dahlien gedeihen prächtig, wenn sie sich im
Hintergrund an einen Zaun anlehnen dürfen.

Apropos Zaun: Im traditionellen Bauerngarten bekommen Blumen für die
Vase oft ihren Platz entlang des Zauns, der den Nutzgarten umgibt. Das ist
eine sehr praktische Lösung, weil sich hohe Arten und Sorten auf diese Weise
gut anlehnen können und nicht extra gestützt werden müssen. Ein 50 cm
breiter Streifen reicht vollkommen aus, um eine Vielzahl an Schnittblumen zu
kultivieren. Ernten Sie aus dem Vollen, viele Arten bilden umso mehr Blüten,
je öfter sie geschnitten werden. Nach und nach werden die Reihen zum Herbst
hin lichter, bis nur noch die letzten Dahlien ihre Blüten präsentieren. Und
danach können Sie auf dem Beet Tulpen- und Narzissenzwiebeln für früh-
lingshafte Blumengrüße im folgenden Jahr stecken.

Blumensträuße aus dem Garten

› Schneiden Sie die Blumen am frühen Morgen oder abends. Bei den Korbblütlern, wie Astern, sollten 2–3 Kreise der äußeren Röhrenblüten offen sein. Rispenblütige sollten zu etwa einem Viertel, Dolden fast völlig aufgeblüht sein. Zwiebelblumen schneiden Sie immer knospig.

› Stellen Sie Schnittblumen so schnell wie möglich ins Wasser, am besten an einen kühlen Platz.

› Zupfen sie vor dem Binden die unteren Blätter ab, damit sie später nicht im Wasser stehen. Die Stiele werden in der Regel schräg angeschnitten. Milchsaft führende Pflanzen brennen Sie am besten kurz am unteren Ende des Stiels an, bevor Sie sie ins Wasser stellen. Blumen mit sehr harten Stielen wie Sonnenblumen und Chrysanthemen tauchen sie kurz in heißes Wasser. Das sorgt dafür, dass die Luft aus den Leitungsbahnen entweicht.

› Im Wasser sind immer Bakterien vorhanden. Damit sie sich nicht an den Schnittstellen der Blumen festsetzen, schneiden Sie täglich die Stiele an und wechseln das Wasser.

Vom zeitigen Frühjahr bis zum späten Herbst bietet der Garten eine Fülle von Blüten, Früchten, Blättern und Samen. Aus diesen Zutaten können Sie herrliche Blumensträuße, Gestecke und Kränze kreieren und damit Ihr Haus und die Terrasse schmücken.

Oben:
Die schönsten Frühlingsblüten wurden in einem Nest aus Weiden arrangiert.

Rechts:
Originell: Ein Ministrauß in einem ausgehöhlten Apfel.

Rechte Seite:
Frisch gepflückte Blüten an der Wäscheleine verzaubern Ihr Gartenfest.

› Für die Vase lassen sich fast alle Blumen aus dem Garten verwenden. Ländlich-romantisch wirken alle Wiesenblumen, die Sie gut mit Gräsern kombinieren können. Besonders solch filigrane Gestalten wie Mähnengerste oder Hirse harmonieren wundervoll mit duftigen Sommerblüten.

› Blumensträuße können Sie auch mit würziger Note binden: Ob Petersilie oder Kamille, jedem Strauß ist ein Kraut gewachsen. Mit fröhlichen Sommersträußen, die fantasievoll mit Küchenkräutern arrangiert wurden, ernten Sie bestimmt überall reichlich Lorbeeren. Dill, Kerbel und Borretsch haben wunderschöne Blüten. Verschiedene Blätter können Sie ebenfalls in Sträußen und Gestecken einsetzen. Ob Rosmarinzweige, glatte Petersilie, Stauden-Sellerie oder Beifuß, der Kräutergarten ist voll von reizvollen und wunderbar duftenden Zutaten für die Blumenvase.

Trockensträuße sind uns lange treu

*Kam Ihnen beim Anblick eines perfekt gebundenen Som-
merstraußes nicht auch schon der Gedanke: Schade, dass
er nicht ewig hält. Doch mit dem Wissen um die richtige
Trocknungstechnik können Sie das Leben ihrer Lieblingsblumen zumindest stark verlängern.*

Eine recht einfache Methode, um schöne Blüten haltbar zu machen,
ist das Einlegen in ein Bad aus Kieselgel. Sie erhalten es, auch unter
dem Namen Blaugel, im Bastelbedarf. Es heißt so, weil es in trockenem
Zustand eine kräftig blaue Farbe hat, die aber wieder verschwindet,
wenn das Gel Feuchtigkeit aufnimmt.
Nehmen Sie einen großen Pappkarton und bedecken sie den Boden
mit einer etwa 2 cm dicken Schicht Kieselgel. Nun legen Sie die Blüten-
zweige, die Sie trocknen möchten, einzeln darauf. Offene Blütenkelche,
zum Beispiel von Mohn oder einfach blühenden Rosen, füllen Sie
zunächst vorsichtig mit etwas Blaugel, bevor Sie sie hinlegen. Auf diese
Weise werden die empfindlichen Blüten nicht zerdrückt. Nun füllen
Sie vorsichtig weiteres Blaugel in den Karton, bis alle Pflanzenteile völlig
bedeckt sind. Stellen Sie ihn dann an einen trockenen Ort, damit von
außen nicht wieder Feuchtigkeit eindringen kann. Je nach Dicke der
Blütenblätter und -stängel dauert der Trocknungsvorgang drei bis sechs
Tage. Danach nehmen Sie die Blütenstängel heraus und hängen sie noch
vorsichtig vier bis fünf Tage kopfüber an einem dunklen Ort auf. Dann
sind sie fertig und warten, dass Sie sie zu dekorativen Blumensträußen
binden.
Das Blaugel-Verfahren eignet sich besonders gut für die „saftigen"
Blumen, die nicht so einfach an der Luft trocknen. Sie würden dabei
nämlich völlig ihre Farbe verlieren. Die Klassiker wie Schafgarbe oder
Gräser trocknen auch ohne Umstände kopfüber unterm Dach. Unproble-
matisch sind auch alle Samenstände, die zum Reifezeitpunkt oft schon
fast völlig trocken sind. Hier gilt es vor allem den richtigen Erntezeit-
punkt abzupassen, damit noch ein wenig Farbe vorhanden ist, die dann
auch beim Trocknen zumindest zum Teil erhalten bleibt.
Beeren von Gehölzen verlieren beim Trocknen meist ihre pralle Form
und ihren Glanz, viele sehen aber auch in etwas angeknittertem Zustand
sehr attraktiv aus. Ein Abfallen können Sie übrigens verhindern, indem
Sie die Beeren ganz leicht mit Haarspray oder farblosem Lack aus der
Dose einsprühen.

Eine Blumenwiese zum Pflücken

Wie wäre es, wenn Sie Stauden und Sommerblumen einmal auf ganz besondere Art miteinander kombinieren? Nämlich im Stil einer natürlichen Blumenwiese. Dabei wird auf sehr hohe und dominante Arten und Sorten verzichtet. Alle Pflanzen haben eine ähnliche Höhe und stehen mehr oder weniger gleichberechtigt nebeneinander.

TRAUMKOMBINATIONEN FÜR DIE BLUMENWIESE

Für eher trockene Böden:
› Färberkamille
› Steinquendel
› Klatsch-Mohn
› Steppen-Wolfsmilch
› Stauden-Lein

Für frische, nährstoffreichere Böden:
› Miniaturblütige Taglilien
› Scheinaster
› Himalaya-Storchschnabel
› Scharfer Hahnenfuß
› Gelenkblume

Ein Beet mit Wiesenfeeling

Ein Wiesenbeet ist eine Pflanzung im Stile einer Blumenwiese, es ist aber trotzdem keine Wiese im eigentlichen Sinn. Sie wird auch nicht wie diese im Sommer gemäht, sondern benötigt wie eine normale Rabatte Pflege. Allerdings brauchen Sie nicht in gleichem Maße eingreifen, Stauden teilen und neu pflanzen oder hohe Exemplare stützen. Verwenden Sie möglichst Wildformen oder Züchtungen, die den Wildformen in ihrem Erscheinungsbild noch nahe stehen, also ungefüllte, eher kleine Blüten besitzen. Wenn man eine Wiese in der Natur betrachtet, fällt auf, dass die einzelnen Arten meist in Flächen zusammen wachsen, also quasi Inseln bilden, die unregelmäßig verteilt sind. Auch bei der Planung eines Wiesenbeetes nehmen Sie solche Gruppierungen vor, wobei die einzelnen Gruppen sanft ineinander übergehen.

Heimische Wiesenkräuter

Eine echte Blumenwiese, wie sie in der Natur nur noch selten zu finden ist, können Sie natürlich auch in ihrem eigenen Garten anlegen. Im Handel sind die verschiedensten Saatgutmischungen erhältlich, die Sie in ein unkrautfreies und sorgfältig geharktes Beet säen. Zu den typischen heimischen Wiesenblumen gehören Margeriten, Wiesen-Kerbel oder Wiesen-Storchschnabel, dazu kommen verschiedene Gräserarten. Die meisten von ihnen sind Stauden oder Zweijährige und bilden stabile Gemeinschaften, die sich über Jahre erhalten. Mit dem ersten Rasenmähen warten Sie bis zum Ende des Frühsommers, ein zweiter Schnitt ist im Herbst sinnvoll.

Eine andere empfehlenswerte Saatgutmischung beinhaltet die typischen Ackerrandpflanzen unserer heimischen Felder, zum Beispiel Klatsch-Mohn, Kornblumen oder Kamille. Bei ihnen handelt es sich um echte Einjährige, das bedeutet, dass sie jedes Jahr wieder neu ausgesät werden müssen. Da sie alle völlig winterhart sind, können Sie sie aber auch schon im Herbst vorher aussäen, sie blühen dann im folgenden Jahr sogar früher. Wenn ihre Blütezeit vorüber ist und sie nicht mehr so schön aussehen, werden sie einfach kurz abgemäht. Setzen Sie im Herbst Zwiebelpflanzen für das kommende Frühjahr.

Klatschmohn, Kosmeen, Ringelblumen – in einer Blumenwiese sind alle Blütenfarben erlaubt.

Alles ist in ständigem Wandel

Wildblumenmischungen können ganz unterschiedlich zusammengesetzt sein, je nachdem für welche Böden sie konzipiert wurden. Besonders artenreiche Blumenwiesen kommen in der Natur auf mageren Böden vor. Ist der Boden in Ihrem Garten eher kräftig und nahrhaft, setzen sich einige robuste Arten durch, während die Spezialisten nicht richtig zum Zuge kommen. Eventuell hilft es, den Boden mit Sand und Splitt etwas abzumagern. Wichtig ist es auch, zum richtigen Zeitpunkt, also eher später, zu mähen, damit sich die kurzlebigen und einjährigen Arten vorher aussäen können. Trotzdem wird sich eine Wildblumenmischung nicht in jedem Jahr gleich entwickeln, weil Niederschläge und Temperaturen ebenso Einfluss darauf nehmen wie der genaue Aussaatzeitpunkt. Aber auch in der Natur ist das ja so, in unterschiedlichen Jahren dominieren die einen oder die anderen Arten. Für eine richtig üppige Blumenpracht kann es übrigens sinnvoll sein, zunächst eine Blumenmischung ohne Gräseranteil auszusäen und erst einige Wochen später Grassamen dazwischen zu streuen.

1 **Jungfer im Grünen** (*Nigella damascena*)
Hierbei handelt es sich um ein echtes Sonnenkind, es gedeiht auf allen durchlässigen Böden, bevorzugt aber warme, geschützte Plätze. Die Einjährige blüht von Juni bis September. Mit den etwas bizarr anmutenden „Antennen" an den Blüten eignet sie sich hervorragend für die Vase.

2 **Kosmee, Schmuckkörbchen**
(*Cosmos bipinnatus*)
Die Kosmee ist eine duftige Einjährige mit sehr dekorativ gefiedertem Laub. Sie macht im klassischen Beet ebenso eine gute Figur wie in der Wiesenblumenmischung. Wunderbar ist sie als Schnittblume, denn sie bildet den ganzen Sommer zahlreiche Blüten nach. Zudem lockt sie Bienen und Schmetterlinge an.

3 **Kornblume** (*Centaurea cyanus*)
Die hübsche heimische Ackerbegleitpflanze ist in der Natur selten geworden. Umso mehr erfreut sie uns im Garten. Ab März kann sie direkt ins Freiland gesät werden. Wenn Sie sie bereits im September säen, dann überwintert sie mit einer kleinen Blattrosette und blüht im nächsten Jahr früher.

4 **Zier-Tabak** (*Nicotiana × sanderae*)
Der Verwandte des als Genussmittel bekannten Tabaks punktet durch dekorative Trichterblüten in hellen Pastellfarben. Für eine gute Entwicklung benötigt der Zier-Tabak einen gut versorgten, gleichmäßig feuchten Boden. Besonders abends lockt er Schmetterlinge an und betört dann durch seinen intensiven Duft.

5 **Klatsch-Mohn** (*Papaver rhoeas*)
Auch der Klatsch-Mohn ist eine heimische Ackerbegleitpflanze. Früher leuchteten ganze Getreidefelder im hellen Rot seiner Blüten, inzwischen ist dieses Schauspiel nicht mehr oft zu sehen. Er gedeiht auf allen durchlässigen Böden und bevorzugt warme, geschützte Standorte.

6 **Becher-Malve** (*Lavatera trimestris*)
Sie ist ein Traum in Rosa oder Weiß und blüht auch auf trockenen und kärgeren Böden zuverlässig. Die genügsame Sommerblume wird am besten direkt in Reihen an ihren endgültigen Platz in voller Sonne gesät.

Lieblingspflanzen mit besonderen Reizen

Einige Einjährige werden gern ausgesät, weil sie so unkompliziert sind und zuverlässig wachsen und blühen. Einige von ihnen wecken Erinnerungen an die üppig bunten Ackerränder der Kindheit, wo sich so wunderbar ländliche Blumensträuße pflücken ließen.

4

5

3

6

Lauschige Sitzplätze

jetzt wird's gemütlich

Selbst der kleinste Garten bietet aus verschiedenen Blickwinkeln immer wieder neue Ein- und Ausblicke: das leise Plätschern eines Wasserspieles, Gräser, die sich im Wind wiegen, oder duftende Stauden in knalligen Farben. Von einem gemütlichen Liegestuhl aus lässt sich all das einmal ganz bewusst wahrnehmen.

So ein versteckt gelegener Platz ist genau richtig für eine romantische Laube.

Sitzplätze und kleine Räume gestalten

Je nach Jahreszeit sind immer wieder andere Ecken im Garten besonders schön und laden zum genauen Hinsehen ein. Das gilt natürlich nicht nur für die Sommermonate, sondern auch für warme Frühlings- und Herbsttage, an denen man die Schönheit des Gartens genießen möchte.

So finden Sie die schönsten Orte

Oft führen Wege durch den Garten hindurch und an den besonderen Attraktionen vorbei. Wenn genügend Platz vorhanden ist, lassen sich die Wege an solchen Stellen einfach etwas breiter gestalten. Auf diese Weise finden dort ohne Probleme auch kleine Sitzgruppen ihren Platz. Zwei Klappstühle, ein Klapptisch – mehr benötigen Sie nicht für einen improvisierten Sitzplatz. Und die mobilen Möbel können leicht immer wieder an neue attraktive Plätze umziehen.

Eine besondere Atmosphäre haben Orte, die in den Abendstunden von den letzten Sonnenstrahlen erwärmt werden. Wenn Sie in dieser Zeit bewusst durch Ihren Garten spazieren, finden Sie schnell die schönsten Plätze heraus.

Spannender Lesestoff und ein bequemer Liegestuhl – was braucht man mehr für einen genussreichen Gartentag?

Eine Bank mit Aussicht

Sitzplätze mit einer schönen Aussicht sind immer begehrt, nicht nur in der Landschaft, sondern auch im Garten. Durch reizvolle Sichtachsen und andere Überraschungen, zum Beispiel Ausschnitte in einer Hecke, entstehen an verschiedenen Stellen interessante Aussichten auf einzelne Gartenbereiche oder besonders schöne Dekorationen. Wenn Sie an solchen Punkten eine bequeme Bank aufstellen, haben sie von dort den schönsten Überblick über die Highlights. Gerade wenn Sie Ihren Garten nach englischer Tradition mithilfe von Hecken in einzelne Gartenräume aufgeteilt haben, lässt es sich auf einer Bank direkt vor der Hecke besonders gut aushalten. So erleben Sie hautnah, dass die Beete das ganze Jahr über immer wieder ihr Aussehen verändern. Sogar im Winter, wenn lediglich immergrüne Gehölze wie Buchsbaum die Struktur des Gartens in besonderer Weise sichtbar machen, können Sie auf einem Sitzplatz kurz Platz nehmen und innehalten.

Eine Pergola für mehr Geborgenheit

Ein besonders romantisches Flair vermittelt eine Pergola, die umrankt wird von verschiedenen Kletterpflanzen. Sie bietet nicht nur eine optische Abgrenzung zum Garten, sondern schafft auch einen gekonnten Übergang vom Haus zum Außenbereich. Der Begriff Pergola stammt vom lateinischen Wort Pergula und bedeutet so viel wie Anbau. Bereits in der Antike war die Pergola ein Säulenvorbau vor Villen und Palästen. Aber sie dient nicht nur zur Dekoration, sondern sie ist auch praktisch. Sie macht sich als Schattenspender nützlich. Wer einen stärkeren Sonnenschutz oder auch einen gewissen Schutz vor Regen haben möchte, kann oben ein Stoffsegel einhängen. Dieses gibt es fertig zu kaufen oder Sie können es auch relativ einfach selbst nähen. Eine kurze Anleitung finden Sie auf Seite 43.

RUCK, ZUCK, EIN NEUER SITZPLATZ!

Einen neuen Sitzplatz anzulegen, muss nicht automatisch bedeuten, viele Quadratmeter pflastern zu lassen. Oft genügt es schon, den vorgesehenen Platz mit Kies zu befestigen, damit die Möbel den nötigen Halt haben. Nur ab und zu genutzte Sommersitzplätze brauchen auch gar keine besondere Vorbereitung: Stellen Sie einfach an einem lauschigen Plätzchen eine filigrane Bank auf den Rasen.

Schneller Sichtschutz

Einjährige Kletterpflanzen,
wie diese Prunkwinde, verschönern ganz schnell
den schlichten Sichtschutz.

*Die beliebtesten Sitzplätze zeichnen sich immer dadurch aus,
dass sie ein wenig vor den Blicken anderer verborgen bleiben.
Eine schützende Hecke oder eine dicht bewachsene Pergola
schaffen die nötige Intimität.*

Einjährige Kletterpflanzen für Ungeduldige

Bis eine Hecke als Sichtschutz hoch genug oder die Pergola dicht bewachsen
ist, dauert es in der Regel ein paar Jahre. Für eine schnelle Lösung bieten
sich jedoch einjährige Kletterpflanzen an. Mit ihnen können Sie meterhohe
grüne Wände schaffen, die neugierige Blicke zuverlässig abwehren. Mit einer
„grünen Wand" fühlen Sie sich gleich nicht mehr ganz so wie auf dem Präsen-
tierteller.
Um üppig wachsen zu können, benötigen alle Kletterpflanzen Rankhilfen. Je
nachdem, auf welche Art sie sich in luftige Höhen arbeiten, muss die Kletterhilfe unterschiedlich ausfallen. Schlinger winden sich um nicht zu dicke Stäbe
oder Drähte, während Kletterpflanzen, die Ranken ausbilden, ein Spalier
haben möchten.

Die Auswahl an kletternden Einjährigen reicht von wuchsstarken Schling-
pflanzen, die locker ein paar Meter im Monat schaffen, bis hin zu zierlichen
Arten, die für den Sichtschutz nicht ganz so optimal geeignet sind, aber
einfach ihrer Schönheit wegen gepflanzt werden. Zu den beliebtesten und
am schnellsten wachsenden Arten gehört die Feuerbohne, die neben roten
Schmetterlingsblüten auch essbare Bohnen produziert. Die Stäbe oder
Schnüre, die ihr als Kletterhilfe dienen, sollten in jedem Fall stabil und sicher
befestigt sein, denn sie entwickelt sich im Laufe des Sommers ziemlich üppig.
Weitere Schlinger mit starker Wuchskraft sind Trichterwinden, deren aus-
drucksvolle Trichterblüten je nach Sorte lila, magenta oder auch zweifarbig
leuchten. Auch Sternwinden eignen sich gut. Deren Blüten gleichen an einer
Schnur aufgereihten Wimpeln, die sich beim Aufblühen von Orangerot bis
Hellgelb verfärben. Dadurch erwecken die Blütenstände den Eindruck von
lodernden Flammen. In ihrer Farbigkeit genauso spektakulär ist die Schwarzäugige Susanne, die orangene oder gelbe Blüten mit einem schwarzen
Schlundfleck besitzt.

Seit langem bekannte und beliebte Rankpflanzen sind die Glockenrebe
und natürlich Duft-Wicken, die zudem noch betörend duften. In der Blüte
unauffällig, schmückt sich die Ballonpflanze mit interessanten blasenartigen
Früchten. Sie wirkt sehr zierlich, schafft aber dennoch eine Höhe von 2 m.

Frische Weidentriebe bieten
eine schöne natürliche
Hilfestellung auf dem Weg
nach oben.

Kübelschönheiten für mehr Privatsphäre

Mit Bambus in Kübeln schaffen Sie auf einfache Weise eine uneinsehbare,
dschungelartige Atmosphäre. Dazu gesellen sich weitere Kübelpflanzen mit
farbenprächtigen Blüten und üppig bepflanzte Kästen in den passenden
Farben. Robuste Kübelpflanzen, die gut zur Dschungelatmosphäre passen,
sind zum Beispiel die beliebten Engelstrompeten, deren große Trompeten-
blüten in den Farben Weiß, Gelb oder Orange blühen. Auch die Gewürzrinde
und der Korallenstrauch vermitteln die gewünschte tropische Üppigkeit, sind
aber robust und pflegeleicht.

Bambus im Topf

Kleinbleibende Bambusarten eignen sich hervorragend für den Kübel. Wenn
Sie genügend Platz auf Ihrer Terrasse haben, können Sie höhere und niedri-
gere Arten zweireihig aufstellen, die niedrigen im Vordergrund. So erreichen
Sie einen schönen dichten „Bambuswald". Besonders in der Gattung *Sasa* finden Sie Arten, die nur 1–2 m hoch werden. Alle haben schönes, relativ breites
Laub, oft sogar mit besonderen Blattzeichnungen. Die Gattung *Fargesia* bietet
mit *Fargesia murieliae* 'Simba' einen schwachwüchsigen Klon, der eine Höhe
von höchstens 1,80 m erreicht.

1 **Glockenrebe** (*Cobaea scandens*)
Mit kräftigen Blattranken erklimmt die violett
oder cremeweiß blühende Glockenrebe spielend
Höhen bis zu 5 m, auch wenn sie am Anfang
etwas zaghaft erscheint. Für reichlich Wasser und
Dünger ist sie dankbar und produziert ununter-
brochen zauberhafte Blütenglocken.

2 **Sternwinde** (*Ipomoea lobata*)
Wie Fähnchen im Wind flattern die auffallenden
Blüten der Sternwinde. Dabei verändern sie ihre
Farbe im Aufblühen von einem leuchtenden
Rot hin zu sanftem Gelb. Der schnellwüchsige
Schlinger begrünt Gerüste bis 3 m Höhe, wenn er
einen sonnigen Standort und genügend Wasser
bekommt.

3 **Schwarzäugige Susanne** (*Thunbergia alata*)
Die Schwarzäugige Susanne hat besonders auf-
fallende Blüten, meist in Gelb- und Orangetönen,
aber auch in Weiß und Ziegelrot, immer mit
einem schwarzen Auge in der Blütenmitte. Da sie
nicht höher als 2–3 m klettert, ist sie die perfekte
Wahl für Kübel und Blumenkästen.

4 **Japanischer Hopfen** (*Humulus japonicus*)
Nicht durch Blütenpracht, sondern durch attrak-
tives, handförmig gelapptes Laub überzeugt der
Japanische Hopfen, ein Verwandter unseres heimischen Bier-Hopfens. Er windet sich in Höhen
bis zu 3 m und schafft in Rekordzeit dichte grüne
Wände. Optimal gedeiht er in voller Sonne und
auf nährstoffreichem Boden.

5 **Prunkwinde** (*Ipomoea tricolor*)
Die Prunkwinde schmückt sich die ganze Saison
hindurch mit weit geöffneten Trichterblüten in
sämtlichen Blau- und Violetttönen. Diese sind
von zarter Gestalt, darum sollten Sie sie an einen
windgeschützten Platz pflanzen, damit sie nicht
zerzaust werden. Ausreichend mit Wasser und
Dünger versorgt, erklimmt sie Höhen bis zu 3 m.

6 **Kapuzinerkresse** (*Tropaeolum majus*)
Von diesem bekannten Bodendecker gibt es auch
etliche Sorten, die recht rasch luftige Höhen erklim-
men. Am Anfang sollten Sie die Triebe ein wenig
leiten, danach windet sie sich alleine an der Kletterhilfe entlang und erreicht Höhen bis zu 3 m. Dazu
benötigt sie aber ausreichend Wasser und Dünger.

1
2

Ein Vorhang aus Kletterpflanzen

Einjährige Kletterpflanzen schaffen in ihrem kurzen Leben erstaunliche Höhen. Sie sorgen im Sommer für einen zuverlässigen Sichtschutz am Sitzplatz, am Kompost oder wo auch immer Sie etwas verstecken möchten. Blickdicht wie ein Vorhang sind sie, aber nicht hängend, sondern in die Höhe wachsend.

Ein stabiles Klettergerüst

Eine Kletterhilfe für Schlinger ist schnell gebaut: Führen Sie 3–5 mm dicke Nylonseile im Abstand von 10 cm senkrecht nach oben. Leichte Rankgitter, die es fertig zu kaufen gibt, und stabile Netze sind ebenfalls geeignet. Sie alle müssen sicher befestigt werden. Als stabilen Rahmen bauen Sie deshalb eine einfache Pergola aus zwei senkrechten Pfosten und einem verbindenden Holzbalken darüber. Falls Sie lediglich einen temporären Sichtschutz brauchen, können Sie auch zwei große Kübel nehmen und dort die Pfosten oder auch dünnere Baumstämme (Birken vom 1. Mai eignen sich hervorragend) mittig hineinstellen. Die Kübel füllen Sie bis zur Hälfte mit einer dicken Schicht Kies, so werden die Pfosten an Ort und Stelle gehalten. Über den Kies kommt Erde bis zum oberen Rand. Die beiden Pfosten oder Stämme werden durch Seile oder ein Netz verbunden. Wenn Sie mit Seilen arbeiten, können Sie kunstvolle Flechtmuster kreieren, der Fantasie sind da keine Grenzen gesetzt. Um die Stämme säen oder pflanzen Sie Ihre Lieblingskletterer, die schnell das Geflecht erobern werden.

Rank- und Klettergerüste gibt es in vielen Ausführungen und Materialien zu kaufen. Für besonders schöne Designobjekte können Sie sehr viel Geld ausgeben. Werden Sie doch lieber selbst zum Künstler: Mit ein paar Ideen lassen sich Rankgerüste recht einfach selber bauen.

Oben:
Runde um Runde schieben sich die Bohnentriebe empor.

Rechts:
Die Kletterhilfe aus Metall wird von alten, mit Flechten überwachsenen Ästen versteckt.

Rechte Seite:
Die Tüllensammlung setzt den optisch zurückhaltenden Haselnusszweigen die Krone auf.

Schöne Möbel – aus Alt mach Neu

Natürlich können Sie eine Menge Geld für tolle Designermöbel ausgeben. Es geht aber auch günstiger – und vor allem individueller. Selbermacher gestalten nicht nur den Garten selbst, sondern nehmen auch das Verschönern der Gartenmöbel in die eigene kreative Hand.

Farbe lässt Altes wieder strahlen

Meist bekommen Sie in den üblichen Möbelhäusern schlichte, aber praktische Möbel aus Holz oder Metall, die vielleicht nicht besonders originell oder edel aussehen, dafür aber solide verarbeitet und bei guter Pflege recht langlebig sind. Wem das zu langweilig ist, der kann mit einigen einfachen Handgriffen aus den 08/15-Möbeln individuelle Stücke zaubern, die perfekt zum Ambiente der Terrasse oder des Gartens passen.

Oft genügt schon ein neuer Anstrich, um biederen Holzstühlen ein individuelles Aussehen zu verpassen. Dabei können Sie ruhig einmal mutig vorgehen, denn zu den zarten Farben romantischer Rosen passen durchaus Möbel in auffallen-den Pink- oder Violetttönen. Also ran an den Farbtopf!

Manchmal sind auch an sich noch schöne Möbel einfach in die Jahre gekommen: Die Oberflächen sind verwittert, der Lack an vielen Stellen abgeblättert, die Lasur verblasst und Metallteile mit Rost besetzt. Mit ein wenig Mühe erstrahlen solche alten Schätzchen wieder in neuem Glanz. Gerade bei hochwertigen Holzmöbeln aus Teak oder anderen Harthölzern lohnen sich auch umfassende Renovierungsarbeiten, denn auf diese Weise schonen Sie nicht nur Ihren Geldbeutel, sondern sorgen auch dafür, dass der wertvolle Rohstoff Holz lange und nachhaltig genutzt wird.

So wird der Deckchair wieder schön

Als erstes sollten Sie das gute Stück von Schmutz und Staub befreien, erst dann ist das Holz aufnahmebereit für eine neue Oberflächenbehandlung. Nehmen Sie also eine harte Bürste, Wasser und eine schwache Seifenlauge und schrubben sie zunächst einmal kräftig alles ab, was sich im Laufe der Jahre an der Oberfläche festgesetzt hat. Nach dem Trocknen kommt dann Sandpapier zum Einsatz. Damit schmirgeln Sie noch die letzten Reste ab und glätten das Holz, bis kein noch so kleiner Splitter mehr Kleidung oder Haut gefährden kann. Aber bitte immer in Richtung der Maserung. Nun ist das Holz aufnahmebereit für eine Behandlung mit dem passenden Öl. Für Harthölzer gibt es Öle, die schnell einziehen und farbauffrischend wirken. Sie sind nicht deckend, dafür aber mit Farbpigmenten versehen, die das Holz wieder wie neu aussehen lassen.

EIN FRISCHER ANSTRICH

Bei der riesigen Auswahl an Produkten fällt die Wahl, womit die Gartenmöbel gestrichen werden sollen, gar nicht so leicht. Die Möbel sollen möglichst lange schön bleiben, auch wenn sie Wind und Wetter ausgesetzt sind. Trotzdem wollen Sie auch die Umwelt schonen. Für den Einsatz im Garten haben sich wasserverdünnbare Lacke und Lasuren auf Acrylbasis bewährt. Sie kommen ohne Lösungsmittel aus, sind geruchsfrei, was das Arbeiten mit ihnen sehr angenehm macht, und sie sind nach dem Trocknen absolut wetterfest.

Der Stuhl wurde mit bunten Servietten beklebt und zum Schutz mehrmals mit farblosem Lack überstrichen.

Ein neuer Farbanstrich wirkt Wunder. Lackieren Sie ruhig Metallgestelle und Holzauflagen im gleichen Ton.

Wenn es etwas bunter sein soll, können Sie auch farbige Lasuren verwenden. Diese sind nicht deckend, verleihen der Oberfläche aber eine sanfte Farbigkeit. Und wenn Sie Wert auf fröhliche, weithin sichtbare Farben legen, greifen Sie zu deckenden Lacken, die in sämtlichen Regenbogenfarben im Handel sind. Lacke sind auch die erste Wahl, wenn das Holz an sich nicht mehr schön ist und gespachtelte Macken und Kratzer überdeckt werden sollen. Möbel aus Weichhölzern wie Fichte oder Kiefer werden ohne schützenden Farbanstrich draußen nicht besonders alt. Daher ist es bei ihnen besonders wichtig, sie regelmäßig neu zu streichen, bevor sich durch Witterungseinflüsse Risse im Holz bilden. Da solch günstige Möbel meist ganz schlicht in der Form und dadurch vielleicht etwas langweilig sind, werden sie mit einem kräftigen Farbanstrich erst zum richtigen Blickfang.

Schöne Recyclingmaterialien

Manchmal werden Lieblingsmöbel erst aus guten Ideen geboren. Witzige, aber dennoch praktische und bequeme Möbel können Sie aus diversen Fundstücken nämlich auch selber bauen. Haben Sie vielleicht noch eine alte Europalette in der Ecke stehen? Mit großen lenkbaren Transportrollen, die unter jede Ecke geschraubt werden, und einer Abdeckplatte aus Naturstein oder Sicherheitsglas entsteht im Handumdrehen ein schicker Beistelltisch, der schnell überall dorthin gerollt werden kann, wo er gebraucht wird. Beliebt sind auch alte Untergestelle von Nähmaschinen, die frisch lackiert zu perfekten Trägern von wetterfesten Tischplatten werden.

Selbst genäht: der neue Gartenlook

Die Auswahl an Sitzpolstern, Tischdecken, Kissen und sonstigen Wohntextilien ist riesig. Für jeden Geschmack und jeden Stil ist das Passende auf dem Markt. Trotzdem macht es Spaß, selbst zu Nadel und Faden zu greifen, denn auf diese Weise zaubern Sie Ihre ganz individuellen Kreationen.

Oben links:
Ob uni oder gemustert, in gleichen Farben passt alles zusammen.

Oben rechts:
Mit dicken Kissen können Sie es sich fast überall im Garten gemütlich machen.

Rechte Seite:
Orientalisch anmutende, weiche Kissen machen auch harte Bänke bequem.

Vielleicht kennen Sie das: Beim Shopping finden Sie zufällig wunderschöne Stoffe aus tollen Materialien. Oder Sie stoßen in der Gardinenabteilung auf Dekorationsstoffe in atemberaubend bunten Farben und Dessins aus Flora und Fauna. In der Wohnung kommen solche Muster meist nicht so schön zur Geltung, aber auf der Terrasse oder im Garten können sie hingegen ihre ganze Pracht entfalten. Warum also nicht einfach aus dem Gardinenstoff eine üppige Tischdecke zaubern oder ein bequemes Sitzpolster für die große Teakholzbank? Auch für ein paar Kissen wird noch genügend Stoff übrig bleiben. Für all diese Accessoires müssen Sie nur gerade Nähte beherrschen und auch Reißverschlüsse einnähen ist keine Kunst.

Alte, verblichene Kissen und Polster bekommen durch einen neuen Bezug ein zweites Leben. Das neue „Kleid" wird einfach über den alten Bezug gezogen, und schon erstrahlt der Liegestuhl in frischem Glanz. Das spart nicht nur Geld, sondern schont auch die Ressourcen.

Gerade für Gartenmöbel jenseits der Klassiker wie Hoch- oder Niedriglehner sind oft keine wirklich passenden Polster zu finden. Daher lohnt es sich hier, sie auf Maß selber zu fertigen. Als Füllung eignet sich Schaumstoff, den es in verschiedenen Dicken von der Rolle oder vom Block in Handarbeitsgeschäften oder bei Polsterern, manchmal auch im Baumarkt zu kaufen gibt. Mit einem Teppichmesser schneiden Sie die gewünschte Form passend für Ihre Möbel aus. Nun legen Sie diese auf den vorgesehenen Stoff und schneiden die Form mit einer Nahtzugabe von ringsherum 2–3 cm zu. Dann steppen Sie die Nähte. Wenn Sie Reißverschlüsse in die Bezüge einarbeiten, können Sie diese abziehen und waschen. Ansonsten lassen sich auch die bezogenen Schaumstoffteile vorsichtig mit der Hand waschen, sie brauchen nur etwas länger zum Trocknen.

Der Fantasie sind übrigens keine Grenzen gesetzt. Alte Kinderbademäntel aus Frottee in kräftigen Farben können Sie prima für die Bezüge kleiner Sitzpolster für Bierbänke und Klappstühle verwenden.

Nicht mehr tragbare Jeans eignen sich zum Beziehen von Nackenrollen für den Liegestuhl. Haben Sie auch Kleidungsstücke zu Hause, die Sie nicht mehr brauchen, die aber zu schade zum Weggeben sind? Gönnen Sie Rock und Co. dieses zweite Leben im Garten. Setzen Sie auch mehrere Stoffreste zu einem Patchwork zusammen. So können Sie aus Einzelstücken witzige Polsterbezüge für mehrere Stühle kreieren. Und noch ein Selbermachtipp: Sie können eine Pergola durch das Verspannen von Stoffbahnen zumindest bedingt wettertauglich machen. In Geschäften für Outdoor-Aktivitäten bekommen Sie wasserdichte Stoffe, die sich als Überdachung sehr gut eignen. Anders als schwere Markisenstoffe lassen sie sich auch mit einer gewöhnlichen Haushaltsnähmaschine verarbeiten. Schlagen Sie die Ränder zweimal um und nähen Sie den Saum. Dann franst der Stoff nicht aus und die Ränder sind verstärkt, sodass Sie sie mit Ösen versehen können. In diese Ösen lassen sich Haken in die Stoffbahnen einhängen, die sie ebenfalls an den Holzelementen der Pergola befestigen. Oder Sie spannen wetterfeste Seile und bringen die Stoffbahnen daran an. Die Stoffe sind robust genug, um die Saison über draußen zu bleiben.

Von Pflanzen umrankt

Dem Zauber zierlicher Lauben und eleganter Pavillons kann man sich kaum entziehen. Auch für kleine Gärten gibt es wunderschöne luftige Ausführungen, die gar nicht dominant wirken und sicher rasch zu Ihrem Lieblingssitzplatz avancieren.

Romantik unterm Blätterdach

Pavillons und Lauben spielen in der Gartengestaltung schon immer eine wichtige Rolle. Bereits im klassischen englischen Landschaftsgarten wurden sie an markanten Orten platziert, etwa auf einer kleinen Insel mitten in einem Teich oder auch an Stellen mit besonders schöner Aussicht.

Pavillons und Lauben sind in der Regel offen oder zumindest nicht an allen Seiten mit Wänden versehen. Lauben haben außerdem oft kein festes Dach, sondern lediglich Streben und Bögen aus Holz oder Metall, an denen rankende Pflanzen sich festhalten und mit der Zeit ein Blätterdach bilden. Gazebo ist ein in England verbreiteter Begriff, der meist für geschlossene Pavillons verwendet wird, also für solche mit Wänden, Fenstern und einer Tür. Ab einer gewissen Größe und einer richtigen Möblierung spricht man auch von einem Sommerhaus.

Am filigransten sind Lauben aus Metall, sie fügen sich auch am unauffälligsten in den Garten ein. Zudem lässt sich Metall gut zu geschwungenen und verschnörkelten Elementen biegen – also das perfekte Material für eine verspielte, romantische Atmosphäre im Garten. Die Schmuckelemente sind außerdem ideale Rankhilfen für Kletterpflanzen. Bei geeigneter Artenauswahl können sie schnell die ganze Laube überwachsen und ein grünes Dach bilden. Schnelle Ranker mit romantischem Touch sind beispielsweise Rambler-Rosen und Geißblätter (*Lonicera*). Eine solch transparente Laube steht am besten direkt auf dem Rasen, im Schatten eignet sich auch ein Untergrund aus weichem Rindenmulch.

Besonders romantisch wird die Laube, wenn Sie sie nicht nur beranken lassen, sondern auch üppige Rosen und viele Duftpflanzen in sanften Farben um sie herum pflanzen. Ein schmales Beet, kreisförmig um die Laube herum so angelegt, dass nur noch der Eingang frei bleibt, schirmt sie optisch sehr schön zur Rasenfläche ab.

Bei jedem Wetter

Eine einfache Laube aus Metall kann mit wenig Zubehör fast schon zum Pavillon werden. Einige Hersteller bieten Dachbespannungen aus Stoff an, die das Sonnenlicht filtern, ohne dass es darunter so dunkel wird wie unter einem festen Dach. Am besten eignen sich helle Farbtöne. Beim Material

PFLEGELEICHTE LAUBEN

Eine Laube aus Metall müssen Sie nicht unbedingt regelmäßig lackieren. Es gibt welche aus verzinktem Eisen, das vor Rost geschützt ist, aber auch sogenannten Cortenstahl, der bereits vom Hersteller mit einer geschlossenen Rostschicht überzogen und daher vor weiterer Korrosion geschützt ist. Solche Lauben sehen von Beginn an aus, als stünden sie schon seit Jahren an ihrem Platz. Am schönsten wirken sie natürlich mit üppigem Pflanzenkleid.

Diese luftig-leichte Laube
aus Metall fügt sich perfekt ins
Staudenbeet ein.

Die Girlanden der Rambler-Rose
'Minnehaha' verzaubern jede
noch so schlichte Pergola.

sollten Sie auf eine Imprägnierung Wert legen, so können Sie auch bei einem
Regenschauer dort sitzen bleiben, ohne nass zu werden. Außerdem sollte es
waschbar sein, denn im täglichen Gebrauch wird es einfach früher oder später
schmutzig werden. Kräftiges Segeltuch aus Baumwolle oder Mischgewebe
mit synthetischen Fasern eignen sich am besten. Wenn Sie nichts Passendes
finden, können Sie eine solche Dachbespannung wie auf Seite 43 beschrieben
auch relativ leicht selbst nähen.

Ein Versteck für ungestörte Mußestunden

Während viele Lauben exponiert platziert werden, weil sie eben auch ein Teil
des gestalteten Gartens sind und durchaus auffallen sollen, könnte man sie
auch so unauffällig zwischen hohen Büschen verstecken, dass man sie kaum
wahrnimmt. Dunkle Metallkonstruktionen eignen sich dafür ebenso wie
Lauben aus dunkel lasiertem Holz. So eine Laube passt vor eine hohe, frei
wachsende Hecke, deren Zweige über das Dach reichen. Das Licht ist immer
ein wenig schummerig, was dazu einlädt, hier seinen wohlverdienten Mittags-
schlaf zu halten und der sommerlichen Hitze zu entfliehen. Damit die Gehölze
nicht in die Laube hineinwachsen, sind Seitenwände sinnvoll, zum Beispiel
gitterförmige Pergolaelemente, die nur die Zweige der Sträucher, aber nicht
das gesamte Licht abhalten.
Abschirmen können Sie die Laube zusätzlich durch ein breites vorgelagertes
Beet, das sich vom Sitzplatz aus gut betrachten lässt. Ein direkter Zugang zur
Laube vom Rasen aus ist auf diese Weise nicht möglich – man muss erst den
versteckten Weg finden.

Der Sitzplatz am Haus

Dieser Sitzplatz mit einem unkomplizierten Untergrund aus Kies passt besonders gut in ein ländliches Ambiente.

Terrassen sind die Verbindung zwischen drinnen und draußen, das erweiterte und häufig genutzte Wohnzimmer für die warme Jahreszeit. Darum lohnt es sich, das Augenmerk auf eine Gestaltung mit Wohlfühl-Faktor zu lenken. Wie wäre es mit etwas Urlaubsfeeling?

Urlaub auf der Terrasse

Haben Sie ein Lieblingsland, in dem Sie am liebsten Ihre Ferien verbringen? Denken Sie sehnsüchtig an Ihren letzten Urlaub zurück, in dem Sie so gut entspannen konnten? Dann holen Sie sich das Urlaubsgefühl zurück, nämlich in den eigenen Garten. Strandkörbe, Sand, Palmen, all das ist auch an Ihrem Wohnort erhältlich. Mit ein wenig Fantasie und Improvisationsgabe verwandeln Sie Ihren Garten in eine mexikanische Hazienda oder in eine Sommerfrische wie an der Ostsee.

Besonders originelle und wohnliche Sitzplätze entstehen, wenn Sie das Gesamtkonzept unter ein Motto stellen, dem sich die Gestaltung unterordnet. Das kann etwa ein durchgehendes Farbthema sein oder auch eine bestimmte Stilrichtung, an der sich Pflanzenauswahl und Möblierung orientieren. Die folgenden Vorschläge sollen Ihnen nur einige Anregungen geben. Lassen Sie Ihre Fantasie in die Ferne schweifen.

Auf dem Lande

Alte Bauernhäuser haben ihren ganz eigenen Charme. Die Materialien haben bereits Patina angesetzt, sie sind eben schon viele Jahre benutzt und abgenutzt worden. Oft finden sich reizvolle handwerkliche Details. Hier ist nichts genormt und von der Stange. Auch Baumaterialien entstammen meist der Region oder wurden lokal hergestellt. Natürliche Materialien wie Holz, Klinker und Naturstein harmonieren hervorragend mit alten Baustoffen. Viele Pflanzen umspielen Ecken und Kanten und vermitteln einen weichen, heiteren Gesamteindruck.

Alte Bauerngartenpflanzen wie Stockrosen und Lavendel sind in geschwungenen Beeten gepflanzt, die von einer klassischen Buchsbaumhecke eingefasst sind, wie es auch schon in Klostergärten üblich war. Buchsbaumkugeln bewachen den Übergang zum Garten, Rosen sorgen für Romantik und Duft. Der Bodenbelag der Terrasse könnte aus klassischen gebrannten Klinkern bestehen, die in weich geschwungenen Bögen verlegt werden und so die Form der Buchsumrandungen aufnehmen. Die Fugen sind so breit, dass an vielen Stellen Blumen, die sich selbst aussäen, ihren Platz finden. Eine zwanglos aufgestellte *Sempervivum*-Sammlung in Töpfen unterstreicht den ländlichen Charme. Dazu passen perfekt silbergrau verwitterte Teakholzmöbel.

Was das Sammlerherz begehrt: *Sempervivum* im Topf.

Moderne Geradlinigkeit

Gar nicht verwunschen und nostalgisch und dennoch sehr romantisch können moderne Terrassen sein, wenn Sie anheimelnde natürliche Materialien verwenden. Holz wirkt warm und hat eine sehr lebendige Oberfläche, wenn man es nicht deckend streicht, sondern lediglich ölt oder ganz natürlich verwittern lässt. Ein Bodenbelag aus Holz erinnert immer ein wenig an einen Bootssteg oder ein Schiffsdeck.

Gesteigert wird dieser Eindruck noch durch eine Möblierung, die das Design des Holzfußbodens aufnimmt. Ganz schlichte Sitzmöbel und ein Tisch aus demselben Holz lässt alles wie aus einem Guss erscheinen. Geborgenheit entsteht durch Abgrenzung zum anschließenden Garten, zum Beispiel durch halb durchsichtige Seitenwände oder Paravents, die zwar den Blick nach außen erlauben, aber wenig Einblicke auf den Sitzplatz bieten.

Zur modernen, geradlinigen Gestaltung passen Pflanzen, die diese gewisse Strenge lediglich umspielen, aber nicht auflösen. Bambus ist beispielsweise ein guter Partner, der mit seinem luftigen Habitus und seinen zierlichen Blättern die Strenge ein wenig auflockert und gleichzeitig exotisches Flair vermittelt. Die gleiche Wirkung haben Riesengräser wie *Miscanthus giganteus* 'Aksel Olsen', die sich zudem im Herbst dekorativ verfärben.

Viva Mexico!

Typisch für diesen Stil sind erdige Farben, sowohl an Wänden und Böden als auch bei den Accessoires. Dazu kommen farbenfrohe Stoffdessins, die den Arbeiten der Indianer entlehnt sind. Bei der Bepflanzung kommen vor allem Kakteen und sukkulente Pflanzen zum Einsatz, die durch sparsam eingesetzte Blütenpflanzen ergänzt werden. Aloen und Agaven können in schlichte Terrakottatöpfe gepflanzt und einzeln oder in kleinen Gruppen aufgestellt werden. Viele Kakteen sind frosthärter als allgemein bekannt, zum Beispiel viele Opuntien, die wegen ihrer Wuchsform auch als Ohrenkakteen bekannt sind. Weiterhin passen auch Yuccas gut ins Konzept, von denen es stammbildende Arten gibt und solche, die Blattrosetten direkt über der Erde bilden. Letztere sind in der Regel völlig winterhart und schieben im Sommer kräftige Stängel mit Trauben weißer Glockenblüten aus den Rosetten hervor. Für viel Farbe im Sommer sorgen Töpfe mit einjährigen Blütenpflanzen. Einen schönen Kontrast zu den derben Kübelpflanzen bilden filigrane Steppenblumen, zum Beispiel Bartfaden (*Penstemon*) und Mädchenauge (*Coreopsis*), die Sie bunt gemischt in Kästen und Töpfe pflanzen können. Sehr hübsch sehen auch Gefäße aus, in denen große Mengen des Kalifornischen Goldmohns (*Eschscholzia*) blühen.
Statt der Kakteen können Sie auch Palmen und andere eher exotische Kübelpflanzen verwenden. Dann bekommt der Sitzplatz einen dschungelartigen Charakter. Es kommt jedoch gar nicht so sehr darauf an, eine stilechte Kopie der landestypischen Atmosphäre zu erzielen. Hauptsache, Sie fühlen sich wie im Urlaub.

Wie Goethe in Italien

Angeregt durch Reisen in die Mittelmeerregion hat sich nicht nur die mediterrane Küche mit ihren aromatischen Kräutern bei uns fest etabliert, sondern auch die Vorliebe für Pflanzen, die das typische Flair des Mittelmeers auch in unsere Breiten bringen. Viele Sträucher, Halbsträucher und Kräuter lassen sich problemlos im Kübel kultivieren. Sie sind nicht so empfindlich wie Arten der Subtropen und Tropen, sondern überstehen auch ein paar Minusgrade im Winter, ohne Schaden zu nehmen.
Frei nach dem Motto „Kennst du das Land, wo die Zitronen blühen?" stehen auf unseren heimischen Terrassen Zitronen- und Orangenbäumchen, deren Früchte bei uns zwar meist etwas kleiner bleiben als in südlichen Ländern, aber trotzdem genauso gut schmecken. Auch die schon seit der Römerzeit bekannten Lorbeerbäumchen stehen hierzulande hoch im Kurs. Streng geschnitten, ob als Kugel auf einem Hochstämmchen, als Kegel oder Spirale, machen sie im Kübel eine gute Figur. Um die Illusion vom Urlaub in Italien perfekt zu machen, verwenden Sie originale Materialien als Wand- und Bodenbeläge, zum Beispiel Cotto-Fliesen und handgeformte Tonklinker für eine wärmende Mauer. Terrakotta ist ein Material, das in jedem Garten und auf jeder Terrasse mediterranes Lebensgefühl verbreitet. In klassischer Handwerkskunst werden seit Jahrhunderten Gefäße hergestellt, die für uns untrennbar mit italienischer Garten- und Wohnkultur verbunden sind. Terrakotta bedeutet übersetzt „gebrannte Erde" und unterscheidet sich daher

Mit Zitruspflanzen scheint das ganze Jahr über die Sonne: im Sommer im Freien und wenn es kalt wird im Wintergarten.

Beim Toskana-Feeling auf der heimischen Terrasse kommt es auf die
richtigen Accessoires an.

Kakteen und Sukkulenten
freuen sich über eine
Sommerfrische im Garten.

technisch nicht wesentlich von den heimischen Produkten aus Ton. Es ist
die spezielle Zusammensetzung des Tons italienischer Abbaugebiete und die
handwerkliche Verarbeitung, die den eigenen Charme ausmachen. In der
Regel werden die Gefäße auch heute noch nach alten Vorlagen gefertigt und
bei hohen Temperaturen gebrannt, sodass sie robust und vollkommen frosthart sind.

Schon ein schöner Terrakottakübel mit entsprechend mediterraner Bepflanzung zaubert südliches Flair auf die Terrasse. Etwas ganz Besonderes sind
Möbel aus Terrakotta, zum Beispiel eine Bank oder ein kleiner Tisch. Ihre
Herstellung ist aufwendig und daher entsprechend kostspielig, dafür sind sie
aber unbegrenzt haltbar und erhalten nach und nach eine wunderbare Patina,
eher noch als aus Stein gefertigte Sitzgelegenheiten.

Hören, riechen, fühlen

Genuss für die Sinne

Der Garten lässt sich nicht nur mit den Augen genießen, er spricht alle unsere Sinne an. Atmen Sie einmal tief den unvergleichlichen Duft von Phlox oder Flieder ein, streicheln Sie über die wolligen Blätter des Ziests oder halten Sie Ihren Fuß in das gluckernde Nass vom Sprudelstein.

Flieg, flatter, summ, summ – Flugbetrieb im Garten

Kennen Sie das? Sie sitzen im Sommer im Garten und dösen entspannt vor sich hin, umgeben von den verschiedensten Summ- und Brumm-Geräuschen der Insekten, die im Gegensatz zu einem selber gar nicht faul sind. Im Gegenteil, sie fliegen geschäftig von Blüte zu Blüte, um Pollen und Nektar zu sammeln.

Wohltuende Sommergeräusche

Diese Geräusche gehören zum Sommer wie Lindenblütenduft oder langsam vorüberziehende Schäfchenwolken. Raten Sie doch mal, was gerade vorbeifliegt oder sich in der Nähe niederlässt: die dicke Hummel, die sich mit Getöse auf die Glockenblume plumpsen lässt, oder die zierliche Wildbiene, die zielsicher in der winzigen Thymianblüte landet. Mit geöffneten Augen kann man natürlich noch viel mehr Insekten beobachten, nämlich all die Schmetterlinge und Schwebfliegen, die völlig geräuschlos durch die Lüfte wandeln. Faszinierend sind auch glänzende Käfer und interessant geformte Wanzen, die ihren Hunger mit Blütenpollen stillen.

Insektenmagnete

Beobachtet man das bunte Treiben ein wenig genauer, fällt auf, dass die Insekten von manchen Blüten geradezu magisch angezogen werden, während sie andere kaum beachten. Für den Betrachter ist auf den ersten Blick oft nicht ersichtlich, warum manche Blüten so anziehend sind. Unter den Insektenmagneten finden sich sowohl duftende als auch nicht duftende Arten, bunte und blasse, große und unscheinbare sowie gefüllte und ungefüllte. Auch sind die Vorlieben der einzelnen Insektengattungen ganz unterschiedlich. Auf manchen Blüten findet man überwiegend Schmetterlinge, andere wiederum werden hauptsächlich von Bienen besucht. Schaut man sich den Aufbau der einzelnen Blüten genauer an, erkennt man auch, warum das so ist. Die Pflanzenarten haben sich nämlich darauf spezialisiert, bestimmte Insekten anzulocken und sich von diesen befruchten zu lassen. Pflanzen mit langen Röhrenblüten, bei denen der Nektar tief im Inneren versteckt ist, gestatten nur langrüsseligen Insekten den Nektar herauszusaugen. Dazu gehören hauptsächlich Schmetterlinge, aber auch einige Hummelarten. Selbst die fleißigste Honigbiene hat hier keine Chance.

Ob Insekten auf bestimmte Farben stehen, ist noch nicht abschließend geklärt. Tendenziell werden Bienen von plakativen Farben und Formen angezogen, aber auch die vergleichsweise kleinen Lippen- und Rachenblüten der verschie-

Wie man sieht, hat diese
Biene schon fleißig Pollen
gesammelt.

Auch wenn der Ehrenpreis
schon fast verblüht ist, bietet er
noch genügend Nahrung
für Bienen, Hummeln und
Schmetterlinge.

denen Kräuter werden äußerst gerne von ihnen besucht. Sicher ist allerdings, dass helle Blüten in den Abendstunden am besten wahrgenommen werden. Die „Abendduften" wie Zier-Tabak und Nachtviole locken mit eben dieser unwiderstehlichen Kombination aus hell schimmernden Blüten und süßem Duft Nachtfalter an. Auch Sie profitieren von dieser Strategie und können sich abends am Blütenduft erfreuen.

Wie Kolibris flattern Schwärmer vor den Blüten und saugen dabei Nektar.

Landebahn für Schmetterlinge

Besonders schöne Blütenbesucher sind die verschiedenen Schmetterlinge. Deren meist farbenprächtige Oberseite können Sie gut betrachten, wenn sie sich auf den Blüten ausruhen. Schmetterlinge finden sich häufig auf Korbblütlern. Oft sitzen mehrere, auch verschiedene Exemplare, auf den mittigen „Körbchen" der Blüten und saugen ohne jegliche Hektik den Nektar aus der Tiefe. Zu den favorisierten Stauden gehört beispielsweise der Rote Scheinsonnenhut (*Echinacea purpurea*), dessen Züchtungen inzwischen nicht mehr nur in Rosarot, sondern auch in Weiß und sämtlichen Schattierungen zwischen Cremegelb und Apricot zu haben sind. Hier herrscht an sonnigen Tagen ein regelrechtes Gedränge auf den Blüten. Man kann den Kleinen Fuchs, das Tagpfauenauge, den Admiral und mit etwas Glück auch den Trauermantel beobachten – allesamt Schmetterlinge mit ausgesprochen schöner Flügelzeichnung. Auch Disteln aller Art sind eine bevorzugte Nahrungsquelle für viele Falter. Dazu gehören zum Beispiel die Eselsdistel, die ebenso schöne wie nützliche Artischocke und die Mariendistel, die neben den dekorativen Blüten auch noch schön geflecktes Laub aufweist. Weitere Schmetterlingsmagneten unter den Korbblütlern sind alle Flockenblumen, Skabiosen und Witwenblumen. Auf ihnen finden sich auch unbekanntere und weniger spektakuläre Falter wie das Damenbrett ein, dessen schachbrettartige Flügelzeichnung sich erst aus der Nähe offenbart. Im Spätsommer und Herbst sind vor allem die verschiedenen Astern und die Sonnenbraut beliebte Nektarquellen für diverse Falter. Die schon erwähnten Abendduft er ziehen vor allem Falter aus der Gruppe der Schwärmer an. Sie unterscheiden sich von den üblichen Schmetterlingen durch ihren viel dickeren Leib und schmalere Flügel. Erst in den Abendstunden fliegen sie die Blüten an, oft sind sie bis in die Nacht hinein aktiv. Besonders schöne Vertreter sind das Abend-Pfauenauge und der Mittlere Weinschwärmer, die beide recht häufig auf Phlox, aber auch auf Flieder und Liguster beobachtet werden können. Im Gegensatz zu den Tagschmetterlingen landen die Schwärmer nicht auf den Blüten, sondern saugen den Nektar in Kolibri-Manier vor der Blüte flatternd heraus. Die Frequenz der Flügelschläge ist dabei durchaus vergleichbar.

Gedeckter Tisch für Bienen und Hummeln

Viele der schon erwähnten Pflanzen, die von Schmetterlingen besucht werden, bieten auch Bienen und Hummeln reichlich Nahrung. Gerade Astern, Sonnenhut, Sonnenbraut und Fetthenne gelten als Favoriten, sodass Sie bei passendem Flugwetter, also Sonnenschein, blühende Exemplare selten ohne die Honigsammler antreffen. Daneben sind Bienen und Hummeln aber Fans sämtlicher Lippenblütler. Zu dieser Familie gehören viele wichtige Kräuter und Aromapflanzen, deren Blüten allein schon durch ihren Duft für eine glückliche Grundstimmung beim Betrachten und Schnuppern sorgen. Salbei und Minze dürfen in keinem Küchengarten fehlen, auch Rosmarin, Oregano, Thymian und natürlich Lavendel lassen sich vielfältig in der Küche und für das allgemeine Wohlbefinden nutzen. Alle genannten Gattungen werden eifrig von Bienen und Hummeln besucht, nicht nur von den domestizierten Honigbienen der Imker, sondern auch von den verschiedenen Wildbienen und Hummeln, die für das ökologische Gleichgewicht unserer Umgebung mindestens genauso wichtig sind. Interessant zu beobachten ist, wie sich die teilweise doch sehr massiven Hummeln in die oft winzigen Blüten quetschen. Manchmal neigt sich der Blütenstängel dabei bedenklich zur Seite, und oft wartet man darauf, dass gleich die Blüte mitsamt der Hummel vom Stängel fällt. Aber nichts dergleichen passiert, die Blüte hält, die Hummel bekommt ihren Nektar und brummt zur nächsten Blüte. Die Beobachtung von Insekten ist faszinierend, und wer reichlich Blütenpflanzen im Garten hat, dem gehen auch nie die Beobachtungsobjekte aus. Wichtig ist die Vielfalt, damit für möglichst alle Insektengattungen das Richtige dabei ist.

Wo ein Wille ist, da ist ein Weg: Auch winzige Blüten sind für dicke Hummeln kein Hindernis.

Raffinierte Hummeln

Bei etlichen Blüten mit Spornen, wie Rittersporn, Akelei und Eisenhut, kommen Hummeln nicht auf direktem Wege an den Nektar, weil ihr Saugrüssel zu kurz für den weiten Weg in den hinteren Bereich des Spornes ist, wo sich der Nektar befindet. Deshalb krabbeln sie seitlich an den Blüten entlang und beißen Löcher in die Sporne, um von dort an den Nektar zu kommen. Natürlich erledigen sie dabei nicht ihre vorgegebene Aufgabe als Bestäuber der Blüte, doch wer kann es ihnen verdenken? Wer sich also immer gewundert hat, wer die Löcher in die Eisenhutblüten bohrt: Hier ist die simple Lösung.

Lieblingspflanzen für Nektarsammler

Bienen und Hummeln lieben Stauden, Gehölze und Sommerblumen, die ihnen reichlich Blütenpollen versprechen. Bieten wir ihnen doch einfach ihre Lieblingspflanzen an, damit sich die fröhlichen Brummer bei uns zu Hause fühlen. Übrigens sind diese Blüher auch für uns Menschen äußerst attraktiv.

1
2
3
4
5
6

1 Chinesischer Drachenkopf (*Nepeta prattii*)
Dieser Verwandte der bekannten Katzenminze bevorzugt frischeren Boden und fügt sich perfekt ins Prachtstaudenbeet ein. Mit einer Höhe von bis zu 90 cm, großen Blütenständen in kräftigem Blau und einer langen Blütezeit lässt er sich mit Klassikern wie Taglilien und Sonnenbraut kombinieren.

2 Duftnessel (*Agastache rugosa*)
Die aus Asien stammenden Lippenblütler begeistern durch ihr fruchtig-minziges Blattaroma, das sie besonders bei Berührung entfalten. Den ganzen Sommer über bilden sie ihre kolbenförmigen, blauen Blütenstände. In einem nicht zu trockenen, aber durchlässigen Boden und mit etwas Windschutz gedeihen sie zuverlässig.

3 Zitronen-Thymian (*Thymus × citriodorus*)
Die immergrüne Polsterstaude fühlt sich auf Trockenmauern und im Steingarten ebenso wohl wie auf sandigen und steinigen Flächen. Nur durchlässig sollte der Boden sein, dann kommen die Pflanzen auch gut über den Winter. Die Lippenblüten locken vor allem Bienen und Hummeln an.

4 Sommerflieder (*Buddleja davidii*)
Die anderen gängigen Namen, nämlich Schmetterlingsflieder oder Schmetterlingsstrauch, sind bei diesem Gehölz Programm: An kaum einer anderen Pflanze lassen sich so viele verschiedene Falter nieder. Es gibt Sorten für jeden Geschmack: Blütenfarben von Weiß über Rosa bis Dunkelviolett und auch Zwergformen für den Kübel.

5 Rosen (*Rosa* in Arten und Sorten)
Wer Bienen und Hummeln etwas Gutes tun will, pflanzt Wild-Rosen und ungefüllte Sorten, die reichlich Nektar bieten. Bibernell-Rose (*Rosa spinosissima*), Vielblütige Rose (*R. multiflora*) oder Mandarin-Rose (*R. moyesii*) machen auch in gemischten Blütenhecken eine gute Figur.

6 Purpur-Fetthenne (*Sedum telephium*)
Der deutsche Name lässt gar nicht vermuten, dass es sich bei dieser pflegeleichten Staude für trockene und sonnige Standorte um eine sehr attraktive Pflanze handelt. Schon der Austrieb der sukkulenten Blätter im Frühjahr ist ein Schauspiel, die schirmförmigen Blütenstände im Spätsommer locken unzählige Insekten an.

Ein Hotel für Biene, Hummel und Co.

Wussten Sie, dass es bei uns mehr als 550 wild lebende Bienenarten gibt? Und dass die Gruppe der Hautflügler, zu denen sie gehören, bei uns über 10.000 Arten zählen? Leider finden viele von ihnen immer weniger Lebensraum, da große Flächen landwirtschaftlich intensiv genutzt werden und auch zahlreiche Gärten ihnen kaum noch natürliche Unterschlupfmöglichkeiten bieten.

Oft hilft es schon, Laub, Zweige und sonstige Pflanzenreste einfach einmal liegen zu lassen. Wer den Insekten ganz gezielt helfen möchte, baut ihnen ein Zuhause, das ihren speziellen Wünschen entspricht. Nageln oder besser schrauben Sie dazu einen einfachen Rahmen aus Holz zusammen, am besten mit einem überstehenden Dach versehen und bei freiem Stand auch mit einer Rückwand. Mit senkrechten und waagerechten Leisten können Sie den Kasten noch unterteilen, dann geht das Befüllen leichter. Wie Sie diese einzelnen „Hotelzimmer" im Holzrahmen anordnen, ist nicht entscheidend, sondern bleibt ihrem Geschmack überlassen. Ausstatten können Sie sie zum Beispiel mit folgenden Materialien:

› Hohlziegel aus Ton oder Kalksandstein mit unterschiedlich großen Löchern. Haben die Löcher einen Durchmesser von mehr als 2 cm, lassen sie sich mit Stroh- und Schilfhalmen füllen.
› Hohle Halme aller Art, also Stroh, Schilf, Holunderzweige und was Sie sonst noch im Garten und

Anders als die Honigbienen sind die meisten Wildinsekten eher Einzelgänger. Sie benötigen einen Unterschlupf als Schlaf- und teilweise auch als Überwinterungsplatz. Ein Insektenhotel bietet vielen verschiedenen Arten gleichzeitig eine Wohnung. Man kann solche Hotels kaufen, aber auch einfach selbst bauen.

Oben:
Wohnungsbesichtigung in den Halmen:
Vielleicht zieht die Wildbiene bald ein.

Rechts:
Hohle Stängel können Sie bündeln und
mit Rinde und Ranken hübsch umhüllen.

Rechte Seite:
Insektenhotels müssen nicht immer
einfache Kästen aus Holz sein, lassen Sie
Ihrer Kreativität freien Lauf.

in der Natur finden. All das wird gebündelt und mit den Öffnungen nach vorn befestigt. Alte Blechdosen eignen sich gut als stabile Hülle für solche Bündel.

› Astabschnitte und Baumscheiben, in die Sie Löcher unterschiedlicher Größe bohren (mindestens 8 cm tief).

› Fichten- und Kiefernzapfen, Wurzeln, Moos und ähnliche Materialien, die Sie mit feinem Kükendraht zu handlichen Bällen zusammendrehen. So lassen sie sich gut im Rahmen befestigen.

› Tonklumpen, die Sie mit zahlreichen Löchern versehen.

› Gehölzschnitt, der schon einige Zeit im Garten oder im Wald anrotten konnte, denn einige Insektenarten fliegen auf morsches Holz.

› Schotterstücke und kleine Pflastersteine. Damit sie nicht herausfallen, werden sie mit an den Rahmen getackertem Maschendraht gesichert. Ordnen Sie die Steine so im Kasten an, dass viele kleine Hohlräume entstehen.

› Verlassene Schneckenhäuser. Manche Insekten bauen sich ihr Heim gerne darin.

› Eierkartons, mit Stroh und Moos gefüllt und mit Einfluglöchern versehen. Diese befestigen Sie dann umgedreht (also die Füllung nach hinten) in einem Fach des Kastens.

Das fertige Insektenhotel stellen oder hängen Sie an einem möglichst geschützten Platz im Garten auf. Die Einflugseite sollte nicht zur Wetterseite ausgerichtet sein, da der Regen das neue Heim sonst sehr ungemütlich werden ließe.

Die Ähren des einjährigen Federborstengrases *(Pennisetum villosum)* sind streichelweich.

Von weichen Hasenohren und anderen Kuschelpflanzen

Viele Pflanzen entfalten ihren Zauber erst bei genauem Hinschauen. Dann offenbaren sich ihre schönen Details – weiche Härchen auf den Blättern, wie mit Filz überzogene Blütenknospen oder wollige Samenstände. Hier gilt: Anfassen erlaubt!

Die weichen Graulaubigen

Graufilzige, behaarte Blätter haben eine starke Anziehungskraft auf uns, denn meistens fühlen sie sich weich und kuschelig an, vielleicht wie das Fell eines Tieres oder samtiger Stoff. Zu den Pflanzen, die einem dabei sofort einfallen, gehören beispielsweise Salbei oder Woll-Ziest (*Stachys byzantina*, siehe Seite 62). Während die Salbeiblätter bei Berührung auch noch duften, fühlt sich der Ziest einfach nur angenehm an. Er ist fast noch weicher, als man es allein von der Optik her vermuten könnte. Im Volksmund heißt er auch Hasenohr, was die Form der Blätter sehr gut beschreibt. Vom Salbei gibt es neben dem klassischen Küchen-Salbei auch noch zahlreiche andere Arten. Der Muskateller-Salbei zum Beispiel wird in der Küche weniger verwendet, er ist eher eine Heilpflanze. Als Staude im Garten ist er allerdings sehr eindrucksvoll und kann bis zu 1,50 m hoch werden. Seine Blätter duften nur während der Blütezeit. Ansonsten ist das Laub, das in einer grundständigen Rosette angeordnet ist, einfach nur sehr hübsch anzusehen mit seinen weißen Härchen, es lädt zum Darüberstreichen ein.

Über den samtigen Blättern
des Muskateller-Salbeis öffnen
sich hübsche Blüten.

Bürsten, Borsten, Samt und Seide

Nicht nur Blätter verleiten zum Streicheln und Berühren. Auch Blütenstände
verführen uns immer wieder, mit den Händen darüberzufahren oder sie durch
unsere Finger gleiten zu lassen. Besonders die Gräser haben Blütenstände, die
zum Anfassen animieren. Dabei kann es sich um festere, kolben- bis walzen-
förmige wie beim Hasenschwanzgras (*Lagurus*, siehe Seite 62) und beim Fla-
schenbürstengras (*Hystrix*) handeln oder auch um filigrane, lockere Blütenstände wie beispielsweise beim Tautropfen- oder Fallsamengras (*Sporobolus*,
siehe Seite 62) und beim Zittergras (*Briza*). Die zierlichen Blüten und später
auch die Samenstände bereiten uns ein sanftes Kribbeln, wenn wir mit den
Händen darüberstreichen. Und natürlich lässt sich solch ein Halm auch dazu
verwenden, den Liebsten zu necken, indem wir ihn im Nacken damit kitzeln.
Die Blüten verschiedener Stauden und Sommerblumen fordern uns ebenfalls
zum Befühlen auf. So sind beispielsweise die Blüten vom Mehligen Salbei
(*Salvia farinacea*) wie von einer weichen Filzschicht überzogen. Eine andere
Sommerblume ist die Celosie, deren Blüte entweder als bunter Federbüschel
ausgebildet ist oder als samtiger Hahnenkamm – und das in fast allen Farben
des Regenbogens. Sie lässt sich im Sommerblumenbeet verwenden, eignet
sich aber auch sehr gut für Kübel auf der Terrasse und auf dem Balkon.
Übrigens können auch Blätter und Blüten zum Betasten einladen, die
nicht unbedingt weich oder kuschelig, aber auf andere Weise interessant
erscheinen. Strandflieder (*Limonium*) zum Beispiel besitzt Blüten, die sich
ungewöhnlich, nämlich wie Seidenpapier anfühlen. Und nicht vergessen
werden sollten auch die bizarr geformten Früchte vieler Pflanzen. Einige
haben einen prächtigen Überzug, der wie hartes Leder erscheint. Andere
besitzen Schoten, die wie hochglanzpoliert aussehen und die dazu verführen,
auch zu fühlen, ob sie wirklich so glatt sind.
Ein interessantes Experimentierfeld für Streichel-Erlebnisse sind auch die
verschiedenen Koniferen. Oft ist es ganz überraschend: Nadeln, von denen
man erwartet hatte, dass sie piksen, fühlen sich angenehm weich an, während
andere, eigentlich ganz harmlos aussehende Nadeln empfindlich stechen.

1 **Wohlriechende Eberraute**
(*Artemisia abrotanum*)
Diese besondere Eberraute ist auch als Cola-Kraut bekannt und macht diesem Namen alle Ehre. Bei der geringsten Berührung des fein gefiederten, graugrünen Laubes steigt der intensive, charakteristische Duft in die Luft. Die Pflanzen lieben durchlässigen Boden und etwas Winterschutz.

2 **Wollige Schwarznessel, Kreta-Nessel**
(*Ballota pseudodictamnus*)
Die kleinblättrige Art wächst teilwiese kriechend, teilweise aufrecht und gedeiht am besten auf Mauerkronen oder im Steingarten, denn sie ist empfindlich gegen Staunässe, besonders im Winter. Die silbergrauen, stark behaarten Blätter duften bei Berührung aromatisch. Sie blüht lila.

3 **Tautropfengras** (*Sporobolus heterolepis*)
Duftende Gräser haben Seltenheitswert! Das zierliche Tautropfengras aus Nordamerika verströmt zur Blütezeit im Herbst bei Berührung einen intensiven Honigduft. Außerdem verfärben sich die Blätter und Halme zu einem attraktiven Orangegelb. Ein Gras für Sonne und und Halbschatten.

4 **Minze** (*Mentha* in Arten und Sorten)
Minzen kann man gar nicht genug haben. Es gibt sie in so vielen unterschiedlichen Aromen, die sich durch Reiben an den Blättern erschnuppern lassen: von der pfeffrig-scharfen Spearmint bis hin zur lieblichen Orangen-Minze. Da Minzen einen recht großen Ausbreitungsdrang haben, sind sie ideale Kandidaten für den Kübel.

5 **Hasenschwanzgras** (*Lagurus ovatus*)
Zu den einjährigen Gräsern zählt das Hasenschwanzgras, manchem auch als Samtgras bekannt. Die silberweißen Blütenköpfe sind in der Tat seidenweich, sie stehen auf 30–40 cm hohen Stängeln. Im Sommerblumenbeet findet es ebenso seinen Platz wie als Lückenfüller zwischen Stauden.

6 **Woll-Ziest** (*Stachys byzantina*)
Auf allen sonnigen Standorten mit durchlässigem Boden wächst dieser bezaubernde Bodendecker. Sein eigentlicher Schmuck sind seine wie mit weißem Filz überzogenen Blätter, auf den nach kühlen Nächten Tautropfen glitzern. Ab Juni schieben sich mit kleinen rosa Blüten empor.

Pflanzen zum Streicheln

Wenn Sie nicht nur Schönheiten fürs Auge in Ihrem Garten beherbergen wollen, pflanzen Sie viele Stauden, Kräuter und Gräser, die auch andere Sinne ansprechen, zum Beispiel den Tastsinn. Die vorgestellten Pflanzen fühlen sich einfach gut an, und attraktiv sind sie sowieso.

Viele Pflanzen duften bei Berührung

Sicherlich sind Sie auch schon einmal an Pflanzen vorbeigegangen, über denen ein leichter Duft zu schweben schien. Viele von ihnen laden nicht nur zum genaueren Schnuppern ein, sondern verlangen geradezu nach einer Berührung der Blüten und Blätter.

Tief einatmen!

Manchen Pflanzen kann man durch Berührung ganz außergewöhnliche Aromen entlocken. Wer schon einmal an den Blättern der verschiedenen Minzen gerieben hat, ist immer wieder überrascht, welch unterschiedliche Duftnoten dem Laub entströmen. Nicht nur der klassische Minzduft findet sich darunter, sondern es gibt auch Arten und Sorten mit Orangen-, Zitronen-, Schokoladen- oder sogar Lakritzaroma (siehe Seite 62).
Auch Melisse, Indianernessel oder Ysop duften aromatisch, wenn Sie die Blätter berühren. Beim Lavendel duften sowohl die Blüten als auch das graufilzige Laub. Außerhalb der Blütezeit kann also den Blättern durch leichtes „Handauflegen" genau der gleiche Duft entlockt werden, der sich sonst auch in den Blüten findet. Und sogar in getrockneter Form bleibt er erhalten. Das können Sie besonders gut nutzen, indem Sie die getrockneten Blätter und Blüten in kleine Stoffsäckchen füllen und im Kleiderschrank deponieren. Dann riecht Ihre Wäsche immer gut.
Auch fast allen Gewürzkräutern lassen sich wohlriechende Aromen entlocken, wenn man an ihren Blättern zupft und reibt. Ob Wilder Majoran (*Oregano*), Rosmarin, Basilikum oder Bohnenkraut, alle durften erst, wenn die Oberfläche der Blätter durch die Berührung genau genommen verletzt wird und die Aromen freigesetzt werden.
Übrigens: Die meisten essbaren Pflanzen, deren Blätter gut riechen, überzeugen auch durch ihren Geschmack. Meistens schmecken sie genauso wie sie riechen. Man denke beispielsweise an das intensive Aroma des Maggikrauts, das eigentlich Liebstöckel heißt und das aus fast jedem faden Eintopf noch ein Geschmackserlebnis machen kann. Oder eben an den typischen Duft von Bohnenkraut, ohne das gekochte Bohnen doch irgendwie etwas langweilig schmecken. Durchaus essbar und von pfeffrig-scharfem Aroma sind die Blätter der Kapuzinerkresse. Deren Blütenknospen können Sie als Ersatz für grünen Pfeffer verwenden und die Blüten peppen gemischte Salate nicht nur optisch, sondern auch geschmacklich auf.

Schopf-Lavendel freut sich über
etwas Schutz im Winter.

Diese Indianernessel leuchtet,
wie ihr englischer Sortenname
'Cambridge Scarlet' verrät,
in feurigem Scharlachrot.

Dufte Pelargonien

Pinienduft, Orange oder Zimt? Es ist erstaunlich, mit welchen Blattaromen
Duft-Pelargonien aufwarten können. Sie sind die interessanten Verwandten
unserer klassischen Balkon-Geranien, deren Laub höchstens ein wenig herb
riecht, aber auf keinen Fall als duftend bezeichnet werden kann. Während
diese vor allem durch ihre prächtigen Blüten auffallen, liegt der Schwerpunkt
der Duft-Pelargonien auf ihrem aromatischen Laub. Von pfeffrig über minzig-
herb bis hin zu Schokolade und Haselnuss ist hier fast alles möglich. Ihre
Blüten sind eher klein, bei manchen Sorten auch gar nicht vorhanden. Dafür
duftet das Laub aber nicht nur, sondern ist auch optisch häufig ein Genuss: Es
ist fein geschlitzt, gefingert oder gekräuselt. Auch gelb oder weiß panaschierte
Sorten sind keine Seltenheit, zum Beispiel *Pelargonium crispum* 'Variegatum',
die köstlich nach Zitronen riecht. Dadurch vertreibt sie, genau wie etliche
andere Sorten der Duftkategorie Zitrone-Limone-Orange, lästige Mücken.
Pflegeleichter als ihre blütenlastigen Schwestern sind Duft-Pelargonien übrigens auch, denn sie benötigen erheblich weniger Wasser und Dünger, auch
wenn sie natürlich nicht austrocknen dürfen. Durch regelmäßiges Schneiden
können Sie die Pflanzen gut in Form halten und die abgeschnittenen Triebe
für Duftpotpourris nutzen.

Anzeichen für ein gutes Aroma

Interessant ist, dass vor allem Pflanzen mit behaarten oder filzigen Blättern
gut duften. Unter diesen Haaren sind Drüsen verborgen, die bei Berührung
ätherische Öle absondern.

Immer der Nase nach

Stellen Sie sich einfach einmal in ihren Garten und schließen die Augen, atmen Sie tief ein. Riechen Sie etwas? Blütenduft? Würziges Aroma? Rosen und Lavendel? Und schon kommen angenehme Erinnerungen. Es ist nämlich erwiesen, dass Düfte unsere Emotionen beeinflussen.

Schöne Düfte wecken schöne Gefühle

Allein das sollte schon ein Grund sein, möglichst viele Duftpflanzen im Garten zu haben. Dabei sind die Geschmäcker, was angenehm riecht und was nicht, durchaus verschieden. Manche Menschen lieben den schweren Geruch von Maiglöckchen oder Engelstrompete, während ihn andere Menschen als unangenehm stark empfinden. Anders ist es beispielsweise mit Lavendel. Es gibt wohl kaum jemanden, der seinen Duft nicht als angenehm empfindet. Lavendelduft steht für Frische und Sauberkeit, Duftsäckchen mit getrockneten Lavendelblüten und -blättern werden seit Generationen in Schränke gehängt und zwischen Socken verstaut. Und wer kann sich nicht an ältere Damen erinnern, die stets etwas Lavendelöl in der Handtasche hatten, mit dem sie sich erfrischen oder ihre Taschentücher beträufeln konnten.
Auch Zitronendüfte wecken bei den meisten Menschen positive Assoziationen. Sie werden fast nie als aufdringlich empfunden, sondern erfrischen wie eine Sommerbrise. Viele Kräuter besitzen einen zitronenartigen Duft, der einen sanft belebt.
Zu den am stärksten duftenden Stauden gehört der Phlox. Je nach Sorte duften die Blüten süßlich, manchmal auch ein wenig herb, aber immer charakteristisch. Je nach Wetter und Uhrzeit macht sich der Duft unterschiedlich stark bemerkbar. In den Abendstunden ist er besonders intensiv, denn dann fliegen die Nachtfalter, die für seine Bestäubung zuständig sind. Auch bei anderen Blumen kann man diese Eigenschaft beobachten, beispielsweise beim Zier-Tabak. Auch sie werden von den abends und nachts fliegenden Schmetterlingen bestäubt, daher versuchen sie verständlicherweise, sie mit ihrem Duft anzulocken. Übrigens ist wenig bekannt, dass auch Petunien duftende Blüten haben. Viele der modernen Züchtungen für den Balkonkasten duften wirklich kaum wahrnehmbar. Andere hingegen, wie die Sorten der Celebrity-Serie und die Wildart *Petunia inflata*, verströmen tagsüber einen leichten Duft, der in den Abendstunden intensiver wird. Bei windstillem Wetter riechen Sie ihn besonders gut.
Zu den Klassikern unter den duftenden Sommerblumen gehört sicherlich die Duft-Wicke (*Lathyrus odoratus*) Sie rankt an einem Klettergerüst bis zu 1,50 m empor und bildet wochenlang schiffchenförmige Blüten mit wundervollem Duft. Sie können die Blüten für die Vase schneiden, sofern Ihnen der Duft im Wohnzimmer nicht schon zu viel des Guten ist.

Schon Karl Foerster stellte
fest: Ein Garten ohne Phlox
ist ein Irrtum.

Der Duft der einjährigen Wicke
(*Lathyrus odoratus*) ist besonders betörend.

Ein Duft läutet den Frühling ein

Während im Sommer kein Mangel an duftenden Blüten herrscht, ist gerade
am Ende des Winters die Sehnsucht nach wohlriechenden Pflanzen am
größten. Relativ wenig bekannt ist, dass einige Gehölze bereits im ganz
zeitigen Frühjahr blühen und die Blüten geradezu betörend duften. Kaum
jemand kennt beispielsweise die Fleischbeere (*Sarcococca humilis*), deren
Name zugegebenermaßen nicht auf exquisite Dufterlebnisse hindeutet. Der
kleine immergrüne Strauch öffnet seine Blüten bereits im Februar. Die zart-
rosa Röhrenblüten sind relativ klein und unauffällig, in einem Umkreis von
etlichen Metern machen sie sich aber durch ihren intensiven süßen Duft
bemerkbar. Auch bei den Geißblättern, einer Gattung die für ihre im Sommer
blühenden, stark duftenden Kletterpflanzen bekannt ist, blüht ein Vertreter
bereits im späten Winter: Das Winter-Geißblatt *Lonicera × purpusii* kann einen
ganzen Garten in zarten Duft hüllen. Wenn der Frühling dann weiter fort-
schreitet, blühen noch weitere Duftgehölze, darunter alte Bekannte wie der
Duft-Schneeball oder Flieder. Aber gerade die ganz früh blühenden Sträucher
sind besonders wertvoll.

Rosen? Aber bitte nur mit Duft!

Beim Thema Rosen denkt eigentlich jeder auch gleich an Rosenduft. Ebenso wie Veilchen oder Nelken gelten Rosen als klassische Duftpflanzen. Das waren sie auch früher, bevor sie eher auf spektakuläre Blütenformen und -farben hin gezüchtet wurden. Heimische Rosen, wie Hunds- oder Dünen-Rose, zeichnen sich durch leichten Blütenduft aus.

Wohlgerüche in allen Nuancen

Nicht nur heimische Wild-Rosen umschmeicheln unsere Nasen. Auch die zunächst in Klöstern verbreiteten Historischen Rosen, die später schnell Eingang in die Gärten fanden, duften köstlich. Aus ihnen wurden schon früh Rosenwasser und -öl gewonnen, das in der Heilkunst und in der Kosmetik noch heute verwendet wird.

Wer kennt nicht die berühmte und unvergleichlich duftende 'Rose de Resht', die aus dem Orient in unsere Breiten gelangt ist und seit Jahrhunderten unsere Gärten schmückt. Ihr Duft ist besonders intensiv, er kann schon fast als schwül bezeichnet werden. Andere Rosensorten entfalten ganz andere Aromen. Manche duften nach Orange oder Zitrone, andere wiederum nach Myrrhe. Der Duft einiger Rosen erinnert an feine Seife, an Veilchen oder auch an ein ganzes Potpourri an Aromen. Und die einzelnen Duftnoten werden von verschiedenen Menschen auch durchaus unterschiedlich wahrgenommen. Was dem einen fast schon Kopfweh bereitet, empfindet der andere als angenehm, während ein leichter, frischer Duft von vielen gar nicht richtig wahrgenommen wird. Wer also die richtige Duft-Rose für seinen Garten sucht, sollte am besten zur Blütezeit im Gartencenter oder in der Baumschule vorbeischnuppern oder sich in einem der Rosengärten inspirieren lassen, die es in fast jeder Gegend Deutschlands gibt.

ROBUSTE ROSEN SIND EINE EMPFEHLUNG WERT

Eine sehr alte und anspruchslose Sorte ist beispielsweise 'Hansa', die recht hoch wächst und sich hervorragend in einer Blütenhecke macht. Zudem duftet sie besonders intensiv. Ganz dicht gefüllte Blüten hat 'Polarsonne', eine moderne Züchtung aus der Kartoffel-Rose, die recht niedrig bleibt.

Duftende Rosenfavoriten

Die ideale Rose sollte nicht nur duften, sondern auch lang blühen und gesund sein. Unglaublich, aber wahr: Es finden sich tatsächlich zahlreiche Sorten, die diesen Ansprüchen gerecht werden. Zu den anspruchslosesten gehört die Gruppe der *Rugosa*-Hybriden, auch als Kartoffel-Rosen bekannt. Die Art stammt ursprünglich aus Asien, fand aber schon früh den Weg nach Mitteleuropa. Sie wird heute wegen ihrer Robustheit vielfach in öffentlichen Parks und sogar auf Verkehrsinseln eingesetzt. Aus der Art sind zahlreiche Sorten entstanden, teilweise durch Einkreuzung anderer Arten, die die Palette der Blütenfarben erweitert und auch zu gefüllten Blüten geführt haben.

Der Rosenbogen, hier mit der
Rosensorte 'Bloomfield Courage',
ist der Inbegriff von Romantik.

Die 'Rose De Resht' duftet
besonders köstlich und hüllt
ganze Gartenpartien
in ihr Aroma.

Viele der relativ modernen Züchtungen duften leider überhaupt nicht, hier
kommt das Erbe der öfter blühenden asiatischen Arten zum Tragen, die in
jüngerer Zeit eingekreuzt wurden. Das hat zur Renaissance der alten und historischen Sorten geführt, denn die Mehrzahl der Rosenliebhaber wünscht sich
Rosen mit Duft zurück. Inzwischen haben das die Züchter erkannt und bei der
Entwicklung neuer Sorten wieder vermehrt darauf geachtet. Die modernen
Sorten duften meist immer noch nicht so stark wie die Klassiker unter den
Historischen Rosen, aber durch ihre Gesundheit und ihre lange Blütezeit
machen sie diesen Nachteil leicht wieder wett.
Übrigens duften viele der besonders empfehlenswerten Kletter-Rosen nur sehr
schwach oder gar nicht. Dieses Manko können Sie aber mit einem Trick leicht
ausgleichen: Meist ist am Klettergerüst noch Platz für eine zweite Pflanze,
beispielsweise für eines der duftenden Geißblätter, das die Rose elegant
umschlingt und zusätzlich für intensive Dufterlebnisse sorgt. Auch einige
Clematisarten zeichnen sich durch ihren zarten Duft aus. Wie wäre es mit den
Sorten 'Blue Angel' oder 'Betty Corning', die zeitgleich mit den Rosen blühen
und zudem besonders gesund sind?

Zaubereien aus Rosen

Rosenblüten sind ein wahrer Genuss, und zwar nicht nur für den Gaumen, sondern auch für Gesundheit und Wohlbefinden. Rosen gibt es in unendlich vielen Duftvarianten, von zart bis intensiv. Schon immer hat man versucht, diese wundervollen Aromen haltbar zu machen.

Zum Konservieren wurden meist besonders intensiv duftende Rosenarten ausgewählt, beispielsweise die Damaszener- und die Gallica-Rose oder die bekannte Apotheker-Rose *Rosa gallica* 'Officinalis'. Der Sortenname 'Conditorum' verrät die besondere Gabe dieser Rose. Sie wurde gern für die Herstellung von kandierten Blütenblättern verwendet, die zur Verzierung von Torten, Kuchen und Süßspeisen genommen wurden. Im Prinzip lassen sich aber alle intensiv duftenden Sorten zu Rosenleckereien verarbeiten.

Rosensirup

ZUTATEN FÜR 2 LITER:

› 4 Hände voll aufgeblühte, duftende Rosenblüten
› 2 l Wasser
› 2 kg Zucker
› 5 EL Zitronensaft

SO WIRD'S GEMACHT:
Zunächst den Blütenboden herausschneiden, damit nur die Blütenblätter übrig bleiben. Das Wasser bis kurz vor den Siedepunkt erhitzen, die Rosenblütenblätter hinzugeben und das Ganze einmal kurz aufkochen. Nun die Hitze verringern und alles eine Viertelstunde bei geschlossenem Deckel köcheln lassen. Anschließend den Sud durch ein feines Sieb in einen Topf gießen, sodass die Rosenblätter zurückbleiben. Die Blätter gut ausdrücken. Die Flüssigkeit wird nun mit dem Zucker und dem Zitronensaft unter ständigem Rühren aufgekocht. Danach die Temperatur verringern und weitere 5 min unter Rühren ziehen lassen. Füllen Sie den heißen Rosensirup sofort in saubere Flaschen, am besten in solche mit Twist-Off-Verschluss. Nach dem Abkühlen lässt sich der Rosensirup für einige Wochen im Kühlschrank aufbewahren.

Der Sirup lässt sich vielfältig in der Küche verwenden: Sie können zum Beispiel das Rezept des bekannten Aperitif Kir Royal abwandeln und anstatt Cassis den Rosensirup in Sekt oder Champagner geben. Er ist auch leckerer Aromageber in Süßspeisen, Sorbets und Gelees. Als tolle Dekoration dafür können Sie noch kandierte Rosenblüten machen.

Der Weg zum Wohlbefinden führt für Gartenliebhaber zwischen üppig blühende Stauden hindurch.

Für ein gutes Gefühl: Wellness aus dem Garten

Wellness ist ein geflügeltes Wort unserer Zeit. Dabei bedeutet es nicht mehr als es sich gut gehen lassen, entspannen, die Seele baumeln lassen und auftanken. Und dazu müssen Sie nicht in ein Wellness-Hotel fahren. Das funktioniert auch im eigenen Garten.

Entspannen und Kraft tanken

Für gestresste Füße ist es eine Wohltat, frühmorgens durch taufrisches Gras zu stapfen oder abends von plätscherndem Brunnenwasser sanft gekühlt zu werden. Ein Liegestuhl, in der Abendsonne platziert, ist besser als jedes Solarium. Hier tanken Sie die letzten Sonnenstrahlen, bevor der Abend naht. Oder Sie breiten eine Matte auf dem weichen Rasen aus und machen noch ein paar Dehnübungen, um ihre Muskeln und Sehnen wieder auf Trab zu bringen, nachdem ihr Körper viele Stunden mit dem Bürostuhl vorliebnehmen musste. Schon ein paar Sonnenstrahlen im Frühling locken uns ins Freie, wo wir in warme Decken gehüllt die gesunde, frische Luft genießen. Viel anders war das auf dem legendären Zauberberg in der Erzählung von Thomas Mann auch nicht. Frische Luft ist gut für die Seele und das Wohlbefinden, vor allem wenn dazu noch schöne Landschaften oder andere positiv stimmende Ein- und Ausblicke kommen. Im eigenen Wellness-Garten schaffen Sie sich Ihre Umgebung so, wie sie Ihnen guttut. Das können Blumenbeete in Ihren Lieblingsfarben sein, Bambus, durch den der Wind rauscht, große und kleine Kunstwerke, zu denen Sie einen persönlichen Bezug haben, oder auch der Duft verschiedenster Pflanzen.

Auf die Gesundheit!

Schon mit ein paar kleinen Veränderungen können Sie aus Ihrem Garten Ihr persönliches Fitnessstudio machen. Wie wäre es mit einer privaten Sauna, platzsparend untergebracht im Gartenhaus? Zur Abkühlung ist dabei nicht einmal ein Wasserbecken nötig, eine Gartendusche gleich daneben ist genauso erfrischend und wird an heißen Tagen sicher gerne auch zwischendurch genutzt. Ein Trampolin ist ein tolles Fitnessgerät, das nicht viel Platz benötigt. Stellen Sie es einfach in die Mitte einer etwa 3 × 3 m großen Sandfläche und schon kann es losgehen. Täglich ein paar Minuten machen nicht nur gute Laune, sondern steigern vor allem die Kondition und kräftigen Bein- und Fußgelenke.

Überhaupt kann man den Füßen so viel Gutes tun. Wege, auf denen Sie barfuß gehen können zum Beispiel, mit Bodenbelägen aus Naturmaterialien. Sand und Holz werden als angenehm empfunden, wobei Holz sich nie so stark aufheizt und auch bei heißer Mittagssonne nicht unter den Sohlen brennt. Sehr fußfreundlich ist auch ein Boden aus weichem Rindenhumus und feinem Rindenmulch. Gerade im Schatten bleibt er immer leicht feucht und vermittelt ein angenehm kühles Gefühl. Im schattigen Bereich können Sie auch einen Weg aus Moos anlegen, dem ultimativen Kuschelmaterial. Auf genügend feuchtem Untergrund bilden sich dichte Polster, über die Sie ruhig ab und zu gehen dürfen. Ansonsten sorgen Steinplatten oder Holzscheiben für sicheren Tritt und eine Schonung der Moospolster. Die Abstände zwischen den Trittplatten wählen Sie so, dass Sie gemütlich entlangschlendern können.

Für sonnige Bereiche eignet sich statt Moos die Römische Kamille als lebender Teppich. Bei jeder Berührung entschwebt den kleinen Polsterpflanzen der typische Kamillenduft. Pflanzen Sie sie vor eine Sitzbank, können Sie für kontinuierlichen Nachschub an Wohlgeruch sorgen, wenn Sie mit Ihren Füßen sanft darüberstreichen.

Kleine Kieselsteine (natürlich nur die rund geschliffenen, kein Schotter) oder Muschelschalen sehen dekorativ aus und sind für unsere Füße eine kleine Herausforderung, denn wir sind es überhaupt nicht mehr gewohnt, solche Unebenheiten unter unseren Sohlen zu spüren (siehe Seite 74).

Das Wohlbefinden wiederherstellen

Leiden Sie auch manchmal unter Kopfschmerzen? Manche Pflanzendüfte können heilende Wirkung haben. Legen Sie sich ein Bündel frisch gepflückte Minze auf die Stirn und entspannen Sie in einem Liegestuhl im Schatten, schließen Sie die Augen. Sie werden sehen, im Nu helfen die ätherischen Öle, die Spannungen abzubauen und das Gleichgewicht wiederzuerlangen.

Ein Barfußpfad im Garten

Schon der Naturheil-Pfarrer Kneipp wusste: Barfuß gehen ist gesund. Auch heute empfehlen Orthopäden, möglichst oft Schuhe und Socken auszuziehen und barfuß zu laufen. Am schönsten ist das natürlich im eigenen Garten.

Ein Barfußpfad bietet Abwechslung für die Füße, besonders dann, wenn Sie ihn mit unterschiedlichen Materialien auslegen. Das können Kieselsteine oder Fichtenzapfen, aber auch Platten aus Stein und fast sämtliche Naturmaterialien sein. Zum Balancieren laden ein in den Boden eingegrabener Baumstumpf oder ein Stück Baumstamm ein. Lärchennadeln und Herbstlaub ergeben einen weichen Waldboden. Das Material breiten Sie am besten auf einer Lage wasserdurchlässigem Vlies aus, weil dann keine Pflanzen von unten durchwachsen können. Verwenden Sie mehrere unterschiedliche Materialien am Boden, sollten Sie den Pfad mithilfe von Begrenzungen aus zum Beispiel Holzpalisaden oder -leisten, Pflastersteinen oder Klinkern unterteilen. So entstehen Felder, die Sie mit unterschiedlichen Belägen füllen können. Und auch an den Seitenrändern bietet sich eine Befestigung an, damit Steinchen, Rindenmulch und Co. nicht allmählich in den Rasen abwandern. Für die einzelnen Segmente Ihres Barfußpfades haben sich folgende Materialien bewährt, die Sie selber sammeln können oder im Baustoffhandel beziehungsweise Gartencenter erhalten. Aber vielleicht fällt Ihnen auch noch etwas ganz anderes ein.

› Sand: bestens geeignet zur Einstimmung aufs Barfußlaufen, Sand fühlt sich immer weich und angenehm an.
› Runder Kies: meist unter dem Namen Rollkies im Handel, ist in Korngrößen von 4–8 mm, 8–16 mm und 16–32 mm erhältlich. Die größte Sorte kann ganz schön unangenehm werden, sie ist nur für ganz kurze Strecken geeignet und dann eine echte Herausforderung für unsere Füße.
› Splitt: Er ist umso besser geeignet, je feiner er ist. Zu empfehlen ist vor allem Edelsplitt in der Größe 2–5 mm, auch die Körnung 4–8 mm ist noch angenehm.
› Rindenmulch: für schattige Wegabschnitte zu empfehlen, an der Sonne trocknet er aus und fühlt sich unangenehm kratzig an. Dies gilt besonders für Fichtenrinde, weniger für Kiefernrinde.
› Zapfen: Fichtenzapfen sind angenehm, Kiefernzapfen dagegen stachelig. Da sie sich bei Trockenheit und Sonneneinstrahlung aufplustern und dann schnell zerfallen, nimmt man sie am besten an schattigen und feuchten Stellen.

› Lärchennadeln: Sie ergeben einen wunderbar weichen Waldbodenteppich, der sehr angenehm zu begehen ist. Lärchen lassen jeden Herbst ihre Nadeln fallen, Sie können sie also gut selber sammeln. Nadeln anderer Koniferen eignen sich weniger, da sie eher piken.

› Muschelschalen: brechen beim häufigen Darüberlaufen in allmählich immer kleinere Stückchen, manchmal etwas scharfkantig, aber nie wirklich unangenehm.

› Sonstige Naturmaterialien: Nussschalen oder Kirschkerne bieten den Füßen interessante Erlebnisse und fühlen sich nicht unangenehm an. Hier heißt es selber sammeln.

› Glaskiesel und getrommelte Glasscherben: sehr gut zum Barfußlaufen geeignet, hübsch sind solche in bunten Farben.

Linke Seite:
Nicht nur Kinder lieben das Barfußlaufen in der Natur.

Links:
Aus Holzscheiben und Rindenmulch entsteht ein geschwungener Pfad, der sich sehr angenehm unter den Fußsohlen anfühlt.

Rechts oben:
Rund geschliffene Kiesel massieren müde Füße sanft.

Rechts unten:
Muschelschalen kosten vor dem ersten Darüberlaufen etwas Überwindung, denn sie piksen ein wenig.

Wasser sorgt für pure Entspannung

Leise plätscherndes Wasser ist Balsam für die Seele. Daher sind auch kleine Brunnen und Quellsteine so beliebt. Viel brauchen Sie für ein Wasserspiel nicht: lediglich ein ausreichend großes Wasserbecken, eine elektrische Pumpe und einen Aufsatz, der das Wasser sprudeln lässt.

Das Spiel mit dem Wasser

Kaum ein anderes Element ist so vielfältig und kreativ im Garten einzusetzen wie bewegtes Wasser. Wasser kann sanft aus einem Stein quellen und sich fast lautlos in ein Becken ergießen. Es kann wie ein Wasserfall über Steinkanten fließen, in schnellem Strahl aus einem Wasserspeier schießen oder als Fontäne bogenförmig in die Luft geschleudert werden. Die hohe Kunst der Wasserspiele sehen Sie eindrucksvoll in herrschaftlichen Parks, ob als Springbrunnen mit raffinierten Fontänen oder als Wasserlauf in Kaskadenform, der einen Hanggarten gestalterisch prägt. Im kleinen Maßstab lassen sich solche Elemente auch im eigenen Garten einsetzen. Aus der Kaskade wird dann ein kleiner Bachlauf mit mehreren eingebauten Wasserfällen, und statt der großen Fontäne erzielt ein bescheidenes Wasserspiel einen ganz ähnlichen Effekt.

Plätschernde Brunnen

Brunnen waren schon immer mit der menschlichen Siedlungsgeschichte verbunden. Sie waren wichtig, um an das lebensnotwendige Nass zu gelangen, ohne das sich keine Zivilisation entwickeln konnte. Als entsprechend kostbar galten sie daher, und sie waren ein Zeichen der Macht. Brunnen allein zur Zierde und zum Vergnügen konnten sich nur mächtige und reiche Menschen leisten. Heute ist das ja zum Glück nicht mehr so, jeder kann sich am Rauschen und Plätschern des Brunnenwassers erfreuen.

Brunnen gibt es in verschiedenen Formen, hauptsächlich unterscheiden sie sich in der Art des Wasseraustritts.

› Wandbrunnen mit einer an der Wand montierten Figur, in der Regel aus Stein, aus deren Mund das Wasser fließt. Es gibt auch Abwandlungen in Form eines dekorativen Wasserhahns aus Metall.

› Etagenbrunnen, bei denen das Wasser kaskadenartig über mehrere Etagen fließt, bevor es in das Becken gelangt.

› Figurenbrunnen mit Aufsätzen, von denen das Wasser herabfließt oder als Fontäne nach oben schießt. Beliebt sind Figuren, die mit dem Thema Wasser verbunden sind, beispielsweise Fische und Delphine oder auch Figuren aus der Mythologie.

DIE KÖNIGIN DER MINI-TEICHE: ZWERG-SEEROSEN

Eine einzelne schwachwüchsige Seerose (*Nymphaea*) reicht voll und ganz aus, um einen Kübel zu füllen. Ganz neue Sorten unter den Seerosen, die mit 0,5–1 m² Platz auskommen, sind zum Beispiel die Sorten 'Little Sue' und 'Berthold'. Letztere blüht auch bei kühler Witterung zuverlässig und ist daher besonders empfehlenswert. Auch die Japanische Teichrose *Nuphar japonica* 'Variegata', eine fernöstliche Verwandte der heimischen Teichmummel, gibt sich mit wenig Platz zufrieden und fühlt sich sogar auf beschatteten Terrassen wohl.

Links:
Tierskulpturen aus Metall sind als Wasserspeier besonders beliebt. Mit Rostspuren versprühen sie noch mehr Charme.

Rechts:
Die alte Zinkwanne vom Flohmarkt bietet sogar einer Seerose Platz.

› Moderne Brunnen, bei denen das Wasser nicht aus kunstvoll verzierten Figuren fließt, sondern aus schlichten modernen Hähnen, vorzugsweise aus Edelstahl.

› Quellsteine: Hier wird das Wasser durch einen durchbohrten Stein geführt, an dessen Oberseite es leise sprudelnd austritt. Sie werden am besten in einem mit Kies gefüllten Becken platziert, in dem sich das Wasser am Boden sammelt und erneut durch den Stein gepumpt wird.

Ein Teich im Kübel

Auf der Terrasse können Sie in wasserdichten Kübeln leicht Mini-Teiche anlegen, in denen sogar kleine Wasserpflanzen Platz finden. Gefäße, die mindestens 50 l Wasser fassen, sind dafür geeignet. Bei der Auswahl sind der Fantasie kaum Grenzen gesetzt: Sie können alte Zinkwannen und Eimer verwenden, Fässer, Mörtelkübel oder glasierte Tongefäße. Unglasierte Terrakottakübel sind allerdings nicht geeignet, denn durch die porösen Wände diffundiert das Wasser langsam aber stetig nach außen, sodass Sie ständig neues Wasser nachfüllen müssten. Besonders schön sind alte Steintröge, die Sie mit etwas Glück bei Händlern finden, die sich auf das Recycling alter Baustoffe spezialisiert haben.

Die vorgesehenen Kübel werden am besten mit weichem Regenwasser gefüllt. Wenn Sie Leitungswasser verwenden müssen, lassen Sie es einige Tage stehen, bevor die Wasserpflanzen ins neue Heim kommen.

Der Trick beim Pflanzen

Am besten werden Wasserpflanzen einzeln in Kunststoffkörbe gepflanzt und dann in den Teich gesetzt. Auf diese Weise wird das Substrat nicht so leicht aus den Wurzelballen geschwemmt. Das Wasser bleibt klar und Mini-Seerose & Co können gut Fuß fassen.

Mein Nasch- und Küchengarten

zu Hause schmeckt's am besten

Wenigstens ein bisschen selbstversorgt: Selbst geerntetes Obst und Gemüse ist lecker und besonders gesund, weil nur Liebe und natürlicher Dünger drin stecken. Auch im kleinen Hausgarten ist Platz für einen Nutzgarten, in dem Sie Ihr Lieblingsgemüse und etwas Obst anpflanzen können.

Obst aus dem eigenen Garten

Heutzutage ist es ganz normal, alle Sorten an Obst und Gemüse zu jeder Jahreszeit kaufen zu können: Erdbeeren im Dezember, frische Äpfel im Mai, Paprika und Tomaten sowieso immer. Aber ist das wirklich der echte, frische Genuss?

Saisonale Köstlichkeiten

Wenn man immer alles zu jeder Zeit haben kann, wird es schnell langweilig, denn man kann sich gar nicht mehr auf die typischen Genüsse der jeweiligen Jahreszeit freuen. Vielen ist bereits das Gespür dafür abhandengekommen, welches Obst gerade Saison hat.

Für das echte Geschmackserlebnis geht eigentlich nichts über die Ernte aus dem eigenen Garten. Hier können Sie den Lauf der Jahreszeiten nachempfinden: Rhabarber wird im Mai reif, Erdbeeren im Juni, darauf folgen Johannisbeeren und Himbeeren, Kirschen reifen meist im Juli und kurz darauf auch schon die ersten frühen Äpfel. Nichts schmeckt so gut wie frisch geerntete Früchte – frühmorgens gepflückt und gleich im Müsli oder im Quark zum Frühstück serviert. Wer einen Garten hat, und sei er noch so klein, kann sich freuen. Irgendwo findet sich immer noch ein Plätzchen für das Lieblingsobst. Es muss ja nicht gleich der Apfelhochstamm sein, den man von den Streuobstwiesen kennt und der für den Garten auch viel zu groß wird. In Baumschulen werden viele Sorten auf schwach wachsenden Unterlagen angeboten, die dann auch nach vielen Jahren nicht höher als 2–3 m werden und deren Früchte Sie mit einer gewöhnlichen Haushaltsleiter ernten können.

Die Favoriten der Kinder sind sowieso Erdbeeren und Beerensträucher wie Johannisbeeren, Himbeeren und Brombeeren. Sie haben Spaß am Selberernten, denn die Früchtchen wachsen quasi in Augenhöhe. Da sie eine mundgerechte Größe haben, können sie ohne Umstände auch direkt von der Hand in den Mund wandern. Natürlich können Sie Erdbeeren häufig direkt vom Bauern kaufen. Vollreife Früchte mit richtig gutem Aroma lassen sich aber nur sehr begrenzt lagern, oft werden sie schon nach einem halben Tag unansehnlich und bekommen weiche Druckstellen. Ein echter Luxus sind ganz frisch gepflückte Früchte aus dem eigenen Garten, vollaromatisch im Geschmack und dabei noch unglaublich gesund. Auch Himbeeren lassen sich kaum vernünftig transportieren und schmecken eigentlich nur direkt vom Strauch wirklich gut. Bei ihnen haben Sie sogar die Wahl zwischen sommer-und herbsttragenden Sorten, wobei die Herbstsorten besonders robust sind. Sie lassen sich auch platzsparend am Spalier ziehen (siehe Seite 85).

Jenseits der Klassiker

Nicht nur die allseits bekannten Sorten vom Kern-, Beeren- und Steinobst lohnen den Anbau im eigenen Garten, etwas ungewöhnlichere Früchte sorgen für Abwechslung auf dem Speiseplan. Kiwis beispielsweise lassen sich sehr gut im Garten anbauen, wenn sie eine Pergola oder eine mit einem Rankgerüst versehene Wand zum Klettern erhalten. Neben den bekannten großen Kiwis mit der behaarten Schale gibt es auch glattschalige Sorten, bei denen man die Schale mitessen kann. Die Früchte sind allerdings viel kleiner, nur etwa pflaumengroß. Dafür bilden sich die Früchte sehr zahlreich aus, und die Pflanzen sind erheblich winterhärter als die größere Schwester.

Auch Weintrauben gedeihen in den meisten Gegenden, besonders wenn sie an eine warme Südwand gepflanzt werden. Die modernen Sorten unter den Tafeltrauben sind gesund und wüchsig, werden nicht von Mehltau und anderen Krankheiten befallen und haben zudem kaum Kerne. Ihre Reifezeit liegt je nach Sorte zwischen Ende August und Ende Oktober. Und was Sie von der reichen Ernte nicht frisch verbrauchen können, lässt sich zu Saft, Gelee oder Konfitüre verarbeiten.

Haben Sie schon einmal Kakifrüchte, Gojibeeren oder Indianerbananen probiert? Diese Exoten begeistern durch ihren ungewöhnlichen Geschmack. Im Supermarkt finden Sie die Früchte eher selten und wenn ja, nur für gutes Geld. Da lohnt sich der Versuch im eigenen Garten doch gleich doppelt. Sie gedeihen meist an einem geschützten Platz recht gut.

NUR DIE HARTEN KOMMEN IN DEN GARTEN – ROBUSTE SORTEN

› Himbeere 'Fallgold', 'Himbo Top' oder 'Zefa Herbsternte'
› Brombeere 'Navaho', 'Black Satin' oder 'Loch Ness'
› Kiwi 'Issai' oder 'Ken's Red'
› Rote Johannisbeere 'Rolan' oder 'Rovada'
› Schwarze Johannisbeere 'Ometa' oder 'Titania'

Von Äpfeln und Birnen

Nashi, die asiatische Verwandte unserer Birne, hat mittlerweile auch die Gärten in Europa erobert.

Ein Apfelbaum im Garten ist zu jeder Zeit ein Highlight. Im Frühling ist er übersät mit luftigen weißen Blüten, im Sommer können Sie im Schatten seiner Krone der Mittagshitze entfliehen oder ein gepflegtes Picknick veranstalten und im Herbst schenkt er viele knackig-süße Früchte.

Welcher Apfel soll es sein?

Ein Apfelbaum sollte in keinem Garten fehlen, auch wenn eigentlich nur Platz für einen einzigen Baum ist. Warum sollte der Apfelbaum nicht zum Hausbaum werden? Genauso schön wie viele andere Bäume ist er auf jeden Fall, dazu ist er auch noch nützlich und versorgt uns mit gesundem, wohlschmeckendem Obst. Bei den vielen Sorten, die in den Baumschulen erhältlich sind, fällt die Wahl recht schwer. Auf der einen Seite gibt es zahlreiche alte, auch regional verankerte Sorten, die es wert sind, im eigenen Garten gepflanzt und damit erhalten zu werden. Häufig sind sie dem Klima vor Ort besonders gut angepasst und kommen mit den Böden am besten zurecht. Allerdings sind viele von ihnen starkwüchsig, auch wenn sie auf eher schwach wachsende Unterlagen veredelt worden sind. Auf der anderen Seite sind moderne Sorten, neben dem Geschmack, auch im Hinblick auf den geringeren Platzbedarf gezüchtet worden. Zudem hat man sich bemüht, gegen Schorf und Mehltau resistente Sorten auszulesen. Denn der Einsatz von Pestiziden und

Fungiziden im Garten ist heute nicht mehr angesagt. Die meisten Gartenbesitzer wollen Obst in Bioqualität und das zu Recht. Auch die Landwirte haben inzwischen die resistenten Neuzüchtungen, die in den letzten Jahren auf den Markt gekommen sind, schätzen gelernt. Sorten wie 'Pilot', 'Topas', 'Pinowa', 'Rewena' oder 'Reglindis' gehören inzwischen zum Standardsortiment der Bio-Obstbauern und sind auch eine gute Wahl für den heimischen Garten. Zudem schmecken sie richtig gut und überzeugen durch zahlreiche wertvolle Inhaltsstoffe.

Viel Gesundheit unter der Schale

Wer kennt nicht den Satz "One apple a day keeps the doctor away"? Da ist etwas Wahres dran, denn ein Apfel hat aus ernährungsphysiologischer Sicht die ideale Zusammensetzung an Vitaminen, Mineralstoffen und Spurenelementen. Vor kurzem entdeckten die Forscher sogar noch weitere Inhaltsstoffe, die besonders wichtig sind zur Abwehr der sogenannten freien Radikalen, die Körperzellen schädigen. Sogar Inhaltsstoffe, die Darmkrebs verhindern helfen, konnten in Äpfeln nachgewiesen werden. Ebenso enthalten sind Karotinoide, die einen gewissen Schutz vor UV-Strahlung bieten. Äpfel enthalten zwar viel Zucker, aber in Form von Frucht- und Traubenzucker, zudem gibt es auch besonders zuckerarme Sorten, die für Diabetiker gut geeignet sind.

Nashi: Apfel oder Birne?

Das lässt sich gar nicht so leicht sagen bei den Nashis. Vom Aroma her stehen sie den Birnen näher, sie schmecken süß und haben ein zart schmelzendes Fruchtfleisch. Ihr Aussehen hingegen ähnelt eher einem Apfel, auch wenn es einige Sorten mit länglichen Früchten gibt. In Ostasien sind die Früchte seit langem bekannt und beliebt, aber langsam etablieren sie sich auch bei uns. Einen ganz entscheidenden Vorteil gegenüber Birnen, zu denen sie botanisch, nämlich zur Gattung *Pyrus* gehören, haben sie auf jeden Fall: Sie werden nicht vom Birnengitterrost befallen, einer Pilzerkrankung, gegen die es bisher kein wirksames Mittel gibt und die die Bäume langfristig stark schwächt. In Gegenden, in denen der Rost verstärkt auftritt, sind Nashis eine sehr gute Alternative.

Damit der Ast unter seiner köstlichen Last nicht bricht, erhält er eine Stütze.

Unter der Schale sitzen die meisten Vitamine

Am besten essen Sie Äpfel immer mit Schale. Phenole und Flavonoide sind direkt unter der Schale am stärksten konzentriert. Beim Bio-Apfel vom eigenen Baum müssen sie die Früchte auch nicht so gründlich waschen. Wenn Sie trotzdem lieber geschälte Äpfel essen, verwenden Sie einen Sparschäler, um möglichst wenig der guten Inhaltsstoffe wegzuschneiden. Übrigens werden die wertvollen sekundären Pflanzenstoffe auch beim Backen und Kochen nicht zerstört, im Gegensatz zu dem leider sehr flüchtigen Vitamin C.

Viel Obst für wenig Raum

Heutzutage werden die unterschiedlichen Obstsorten häufig auf schwachwüchsige Unterlagen veredelt, sodass die Bäume nur eine moderate Höhe erreichen. Auf diese Weise können Sie im normal großen Hausgarten auch mehrerer Arten und Sorten pflanzen. Es lebe die Vielfalt!

Rank und schlank

Noch weniger Platz als auf schwachwüchsige Unterlagen veredelte Obstsorten benötigen kleine Spindelbäume. Das sind zwar auch Veredelungen auf schwachwüchsige Unterlagen, sie werden jedoch durch regelmäßigen Schnitt auch noch schmalkronig gehalten. Und das sogenannte Säulenobst macht sich ebenfalls ganz schlank, da es kaum Seitenäste ausbildet. Die Bäumchen sind so schmal, dass Sie sie in einem Abstand von 2–3 m pflanzen können. Auf wenig Platz lässt sich also eine Vielfalt an Obstsorten unterbringen.

Beim Säulenobst sind Äpfel am längsten auf dem Markt. Die ersten Sorten waren eher dekorativ als wirklich lecker, doch inzwischen sind etliche wirklich gute Sorten zu haben, von früh reifenden Sommer-Äpfeln, die man am besten sofort isst, bis hin zu lange lagerfähigen Sorten, die im späten Herbst geerntet werden und dann für einige Wochen oder Monate in den kühlen Keller oder in die Garage kommen. Inzwischen sind noch einige Birnensorten dazugekommen, außerdem Pflaumen, Pfirsiche und Kirschen. Bei den Kirschen gibt es aber auch schwachwüchsige Hängeformen, die auf einen Hochstamm veredelt werden und genauso attraktiv sind wie Mandelbäumchen oder andere Frühlingsblüher unter den Gehölzen. Warum also nicht Schönheit und Nutzen verbinden und eine richtige Kirsche statt einer Zier-Kirsche in den Vorgarten pflanzen?

Spalierobst macht sich dünn

Eine andere Möglichkeit, Obstbäume auf kleinstem Raum unterzubringen, ist, sie als Spalierobst zu erziehen. An einer Mauer oder auch an einem freistehenden Drahtspalier werden die jungen Bäumchen entlanggeleitet und dabei immer wieder zurückgeschnitten. Dabei können Sie die verschiedensten Wuchsformen erzeugen, zum Beispiel U-Formen, Fächer oder auch schräg laufende Rauten. Man glaubt es kaum, aber auch bei einer solchen Erziehung können die Obstbäume sehr alt werden. Oft können Sie in alten Schlossgärten und Parks Spaliere sehen, die mehrere Hundert Jahre alt sind und die immer noch regelmäßig Früchte tragen. Das Erziehen dieser Spalierformen ist nicht ganz einfach, aber Baumschulen bieten inzwischen auch etwas ältere Bäumchen an, die schon über mehrere Jahre zu einem Spalier geformt wurden.

Für die Erziehung am Spalier eignen sich zahlreiche Obstarten. Wie wäre es einmal mit einer Bayern-Kiwi, der *Actinidia arguta* 'Weiki'?

An diesem perfekt geschnittenen Apfelspalier haben sich schon knackige Früchte entwickelt.

Diese Exemplare sind natürlich etwas teurer, ersparen Ihnen aber den Aufbau der Form. Hier müssen Sie einfach nur den üblichen Rückschnitt vornehmen, um die Form auf Dauer zu erhalten. Manche Gartenbauvereine oder Volkshochschulen bieten auch Schnittkurse an.

Beerenvielfalt auf wenigen Quadratmetern

Beim Beerenobst gibt es so viele köstliche Sorten, dass man sich kaum entscheiden kann und am liebsten mehrere davon in den Garten pflanzen möchte. Also mindestens eine Rote Johannisbeere, eine Schwarze, natürlich eine Jostabeere, und schon wird der Platz knapp. Mit einem Trick kann man aber noch mehr im kleinen Garten unterbringen. Kaufen Sie die Hälfte der Sträucher als Hochstämmchen, die andere Hälfte als normale kleine Büsche. Und nun pflanzen sie immer abwechselnd einen Busch und ein Hochstämmchen nebeneinander. Auf diese Weise können die Sträucher dichter gesetzt werden, denn die Kronen kommen sich durch die unterschiedlichen Höhen nicht so leicht ins Gehege. Und gerade Stachelbeeren lassen sich als Hochstämmchen einfacher abernten, denn auch die modernen Sorten sind nicht ganz ohne Stacheln. Hochstämmchen sind überhaupt eine Lösung bei wenig Raum, denn auch zwischen Gemüse finden Sie Ihren Platz. Die kleinen Kronen nehmen dabei der unteren Ebene nicht zu viel Sonne weg. Möchten Sie trotz wenig Platz viele Himbeeren ernten, ist ein freistehendes Spalier eine gute Lösung. Die Herbstsorten werden sowieso im Frühling komplett bis auf den Boden zurückgeschnitten, da sie an den einjährigen Trieben Früchte tragen. Diese werden gleich nach dem Austrieb an den Drähten befestigt, damit sie schön in einer schmalen Reihe wachsen.

OBST AUF BALKON UND TERRASSE

Spindel- und Säulenobst lassen sich sogar im Kübel kultivieren. So können auch Balkongärtner frische Früchte ernten. Besonders bewährt haben sich:
› Apfel 'Suncats', 'Finn', 'Sonate' oder 'Cactus'
› Birne 'Condora' oder 'Obelisk'
› Kirsche 'Sylvia' oder 'Victoria'
› Pfirsich 'Benedicte'

Hübsche Fruchtastgewichte

Mit dem Obstbaumschnitt wird besonders in jungen Jahren die Grundlage für regelmäßige reiche Ernten gelegt. Die Leitäste, die das Grundgerüst des Baumes bilden sollen, stehen idealerweise in einem Winkel von 60–70 ° zum mittleren Leittrieb. Der Leittrieb eines Baumes ist meist die Verlängerung des Stammes. An Leitästen bilden sich oberseits die sogenannten Fruchttriebe, an denen, wie der Name vermuten lässt, später die Früchte wachsen. Zu steil wachsende Äste bilden keine Fruchttriebe aus, darum sollten Sie hier nachhelfen und die Äste in den richtigen Winkel bringen. Das lässt sich am einfachsten mit Gewichten bewerkstelligen, die an die Äste gehängt werden und diese allmählich nach unten ziehen bis sie in der richtigen Position sind. Bei den Hochstämmen auf Streuobstwiesen werden solche sogenannten Fruchtastbeschwerer einfach aus Backsteinen gefertigt, die an einem Draht mit Haken in die Äste gehängt werden. Doch Sie können sich auch viel schönere Alternativen ausdenken. So lassen sich beispielsweise bemalte Blumentöpfe aus Ton mit Beton füllen. Dabei werden die Schnüre aus wetterfestem Kunststoffseil, an denen sie später aufgehängt werden, gleich mit eingegossen.

Natürlich wachsen leckere Früchte auch an Obstbäumen, um die sich niemand kümmert. Mehr ernten können Sie aber, wenn der Baum schön gleichmäßig wächst, die Äste in einem optimalen Winkel zueinander stehen und Licht und Luft an die reifenden Früchte gelangt.

Oben:
Hier wurde ein Keramikstein mit Loch, ursprünglich Teil einer Vase, zweckentfremdet.

Rechts:
Im letzten Urlaub gesammelte Steine haben schon von Natur aus Löcher und eignen sich zum Auffädeln.

Rechte Seite:
Bunte Socken machen sich auch mal im Obstgarten nützlich. Steine im Inneren geben das nötige Gewicht.

Ganz rechts:
Ein Kunstwerk fast zum Nulltarif: Feldsteine in einer Nylonstrumpfhose. Durch Knoten werden sie in verschiedenen Höhen gehalten.

Eine echte Luxusvariante sind Ketten aus
Steinen und hübschen Keramik- und Metall-
anhängern. Sie werden auf ein stabiles Seil,
auch hier am besten aus witterungsbestän-
digem Kunststoff, gefädelt bis Sie das nötige
Gewicht beisammenhaben. Je nach Dicke der
zu beschwerenden Äste sollten das 500 g bis
hin zu 5 kg sein. Um die Steine aufzufädeln,
müssen Sie sie mit Löchern versehen, was
allerdings viel Kraft und eine leistungsstarke
Bohrmaschine verlangt. Vielleicht haben Sie
ja einen Steinmetz in Ihrer Nähe, der Ihnen
die Löcher bohrt. Besonders schön sind
flache Kiesel, wie man sie an Flüssen und
Bächen findet. Wer gerne häkelt, kann sich
vielleicht für die folgende Idee erwärmen:
Betonblöcke, Ziegelsteine oder auch altes
Granitpflaster kommen in schicke selbst
gehäkelte Taschen aus dünnerem Seil. Solche
Seile aus wetterfesten Kunstfasern finden Sie
in Segelfachgeschäften in vielen Farben. Die
Form der Taschen ist ganz einfach: Zunächst
häkeln Sie einen runden oder ovalen Boden,
anschließend immer in Runden nach oben
bis zur gewünschten Höhe, zum Schluss einfach noch die Henkel anhäkeln oder Schnur
anknoten.

1 **Apfel** (*Malus domestica*)

Der Apfel ist mit Abstand das beliebteste Obst hierzulande. Schon die Römer kannten die wohlschmeckenden und gesunden Früchte und seit ihrer Zeit wird systematisch gezüchtet. Das Ziel sind immer wieder neue, robuste Sorten. Um herauszufinden, welche davon für Sie persönlich die richtige Sorte ist, heißt es: kosten, kosten, kosten …

2 **Brombeere** (*Rubus fruticosus*)

Wilde Brombeerhecken im Wald lassen sich schwer abernten, denn sie bestehen aus dornigem, dichtem Gestrüpp, das Arme und Beine zerkratzt. Die zahmen Gartensorten, viele davon ganz und gar stachellos, sind eine gute Alternative. Und weil man sie gut an einem Klettergerüst hochbinden kann, benötigen sie auch nicht viel Platz.

3 **Pflaume** (*Prunus domestica*)

Ob Pflaume, Zwetsche oder Zwetschge, bei den Bezeichnungen handelt es sich vor allem um regional unterschiedliche Namen, die alle für dieselbe Art stehen. Am robustesten sind die neuen Züchtungen, wie die Pflaume 'Hanita', die weitgehend resistent gegen typische Krankheiten sind und zuverlässig tragen.

4 **Rote Johannisbeere** (*Ribes rubrum*) und
Schwarze Johannisbeere (*Ribes nigrum*)

Zart aromatisch, erfrischend säuerlich oder eben mit dem typischen Cassis-Aroma. Johannisbeeren sind sehr vielfältig im Geschmack. Besonders die roten Sorten sind eine beliebte Nascherei für Kinder und zudem ein herrlicher Kuchenbelag. Moderne Sorten wie 'Rolan' oder 'Rovada' reifen schön gleichmäßig und lassen sich so besser ernten.

5 **Wein** (*Vitis vinifera*)

Für den Garten eignen sich vor allem die großfrüchtigen Tafeltrauben, die starkwüchsig sind und sich gern über eine Pergola schmiegen. Einige Sorten wir 'Suzy' können sogar eine ganze Gartenlaube überwachsen. Moderne Sorten, zum Beispiel 'Nero' und 'Romulus', sind robust, frosthart und weitgehend resistent gegen Mehltau.

6 **Birne** (*Pyrus communis*)

Eine Stammform der Birne stammt ursprünglich wahrscheinlich aus Babylonien. Durch die Kreuzung verschiedenster Arten entstanden rasch wohlschmeckende Sorten, die von Mitteleuropa bis Kleinasien angebaut wurden. Birnen sind besonders saftig und süß. Berühmt wurde die Sorte 'Williams Christ', für den Hausgarten eignen sich aber moderne, robuste Züchtungen wie 'Uta' oder 'Condo' besser.

Lauter Lieblingsobst

Hier wollen wir Ihnen noch einmal ganz kurz die wichtigsten Obstarten und besonders gute Sorten vorstellen, die im eigenen Garten garantiert gedeihen. Dann sind Sie bestens gerüstet für Ihren nächsten Besuch in der Baumschule.

Schlehen haben eine prächtige blaue Farbe, sie schmecken erst nach dem ersten Frost.

Beerenstarkes Wildobst

Die Wildobstarten sind so etwas wie die heimlichen Stars unter den Obstgehölzen. Ihre Früchte sind meist klein und unauffällig, aber was das Aroma und die Inhaltsstoffe angeht, brauchen sie sich hinter den bekannten Gartensorten nicht zu verstecken.

Vitamine und Mineralien lecker verpackt

Wussten Sie, dass 100 g Sanddornbeeren 400 mg Vitamin C enthalten? Auf solch hohe Werte kommt kein anderes Obst, eine Kiwi kommt auf nicht mehr als 100 mg. Auch andere Vitamine und zahlreiche Mineralstoffe sind in den meisten Wildfrüchten in sehr viel höherer Konzentration vorhanden als in den Kulturfrüchten. In den Aroniabeeren, die ursprünglich in Nordamerika beheimatet sind, kommt Eisen in einer bemerkenswert hohen Konzentration vor. Dies ist besonders für Vegetarier ein guter Hinweis, denn sie müssen gut auf ihre Eisenversorgung achtgeben.

Aber auch unsere heimischen Wildobstarten punkten mit gesunden Inhaltsstoffen – und natürlich auch mit gutem Geschmack, wenn auch manchmal erst, nachdem sie verarbeitet wurden. Viele Wildfrüchte schmecken roh direkt vom Strauch nicht besonders gut, denn sie sind hart und sauer, manchmal auch etwas mehlig. Erst nach dem Frost offenbaren einige von ihnen, wie beispielsweise die Schlehe, ihren wahren Charakter. Denn dann wird Stärke in Zucker umgewandelt und die Zellen verändern durch die Kälte ihre Struktur. Schlehen sind dann vielleicht nicht unbedingt eine Geschmacksoffenbarung, aber doch essbar. Ihre echte Stärke spielen sie aber aus, wenn Sie sie zu Marmelade oder anderen Köstlichkeiten verarbeiten.

Kaum jemand hat schon einmal eine Mispel gekostet, obwohl sie zum einheimischen Wildobst zählt.

Nützliches und Schönes für die Blütenhecke

Keine Angst, es gibt auch Wildobst, das direkt vom Strauch oder Baum ganz hervorragend schmeckt. Zu dieser Kategorie gehören die Kirschpflaume (*Prunus cerasifera* subsp. *cerasifera*) und ihre Variante, die gelbfrüchtige Türkische Pflaume, beides Vorfahren unserer heutigen Pflaumen- und Zwetschgensorten. Die Früchte sind kleiner, aber ebenso süß. Die Bäume sind eher kräftige Büsche, die auch auf eigener Wurzel, also ohne veredelt werden zu müssen, problemlos wachsen. Damit sind sie prädestiniert für eine Verwendung in der gemischten Blütenhecke, in der sie schon zum Frühjahr durch ihre weißen oder hellrosa Blüten eine echte Zierde sind. Auch die Ahnen unserer Süßkirschensorten wachsen eher strauchförmig und haben recht wohlschmeckende Früchte, auch wenn diese wesentlich kleiner sind als bei den gezüchteten Sorten. Einige dieser ganz frühen Kultursorten, wie die 'Schwarze Wildkirsche aus Raas', wachsen noch wild in der freien Landschaft und werden auch von einigen Baumschulen vermehrt.

Andere heimische Wildobstarten wie Kornelkirschen (*Cornus mas*), Holunder (*Sambucus nigra*) und Ebereschen (*Sorbus aucuparia*) schmecken eigentlich nur in gekochtem Zustand und mit Zucker gesüßt. Heißer Holunderbeersaft zum Beispiel hat sich schon seit Jahrhunderten als Hausmittel gegen Erkältung bewährt. Die anderen Früchtchen werden zu Hochprozentigem verarbeitet: Schlehengeist, Ebereschenschnaps oder Aronialikör sind echte Highlights für Genießer und auch im gehobenen Fachhandel nur schwer zu bekommen. Auch die Früchte der Rosen, nämlich die Hagebutten, können richtig zubereitet köstlich schmecken. Die Vorbereitung ist zwar mühsam, weil Sie sie einzeln aufschneiden und die Kerne herauskratzen müssen, aber wenn sie zu einem Fruchtaufstrich eingekocht wurden, schmecken sie einmalig. Wussten Sie übrigens, dass nicht nur richtige Quitten (*Cydonia*) als Saft oder Gelee gut schmecken? Auch Scheinquitten (*Chaenomeles*) lassen sich genauso verarbeiten und schmecken ganz hervorragend. Süßen Säften oder Gelees verleiht ein Hauch Scheinquitte eine interessante pikant-säuerliche Note. Sie wächst häufig bereits in vielen Gärten, entweder als einzelner Strauch oder als niedrige Hecke – wenn auch ursprünglich eher wegen ihrer farbenprächtigen Frühjahrsblüten und nicht aus kulinarischen Gründen gepflanzt.

Gezähmte Wilde: Sanddorngelee und andere Leckereien

Aus fast allen Wildobstarten lassen sich leckere und besonders würzig schmeckende Marmeladen, Konfitüren oder Gelees herstellen. Die Verarbeitung ist dabei nicht viel anders als bei dem normalerweise verwendeten Beerenobst. Die Früchte, oder auch nur ihr Saft, werden mit Gelierzucker aufgekocht und in Gläser gefüllt.

Einige Wildobstarten eignen sich wunderbar für eine Marmelade, weil sie sich gut in Stücke schneiden lassen und beim Kochen eine angenehme Konsistenz bekommen. Andere wiederum werden am besten zu Gelee verarbeitet, denn ihre Früchte würden auch nach dem Kochen noch holzig oder faserig schmecken. Sie werden besser entsaftet und dann erst eingekocht. Ein echter Geheimtipp ist die seit Jahrtausenden bei uns wild wachsende Mispel (*Mespilus germanica*). Die kräftig und hoch wachsenden Sträucher sind eng mit dem Apfel verwandt, ebenso wie mit der Quitte. Die kleinen harten Früchte sind braun und haften an den Sträuchern, auch wenn das Laub schon längst abgefallen ist. Nach dem ersten Frost werden sie teigig und können dann auch roh gegessen werden. Aber auch für die weitere Verarbeitung haben Sie jetzt genau die richtige Konsistenz und schmecken säuerlich und recht würzig. Aus ihnen lässt sich ein ungewöhnlich schmeckendes Gelee herstellen. Die Saftausbeute ist relativ gering: Aus 1 kg Mispeln erhalten Sie lediglich gut 300 ml Saft. Da die Früchte aber in Hülle und Fülle an den Sträuchern hängen, brauchen Sie sich um die Menge keine Sorgen zu machen. Genau wie Quitten enthalten Mispeln sehr viel Pektin und benötigen daher weniger Geliermittel als die meisten anderen Früchte.

Sanddorngelee

ZUTATEN:

› 1 kg Sanddorn (am besten selbst entsaftet aus etwa 5 kg Mispeln)
› 100 ml Wasser
› 500 g Gelierzucker (2:1)

SO WIRD'S GEMACHT:

Die Beeren mit dem Wasser aufkochen, bis sie platzen. Dann durch ein Sieb geben und das Mus mit dem Gelierzucker vermischen. Danach die Mischung 4 min sprudelnd kochen lassen und in sauber ausgespülte Gläser mit Schraubdeckeln füllen.

Interessant ist übrigens auch Mispelmus, das durch Kochen der klein geschnittenen Früchte und anschließendes Passieren hergestellt wird. Am besten essen Sie es frisch (köstlich zu Kartoffelpuffern und Quarkpfannkuchen) oder frieren es portionsweise ein.

Erdbeeren dürfen auf keinen Fall fehlen

Erdbeermarmelade steht auf fast jedem Frühstückstisch und keine Eisdiele kommt ohne Erdbeereis aus. Zahlreiche Bauern bieten auf ihren Feldern inzwischen Erdbeeren zum Selberpflücken an. Aber am besten schmecken doch die Erdbeeren aus dem eigenen Garten!

Ein wenig Erdbeer-Historie

Unsere Garten-Erdbeeren stammen nicht, wie Sie vielleicht vermuten, von den heimischen wilden Wald-Erdbeeren ab, sondern sind um 1750 aus Kreuzungen der Chile-Erdbeere mit der nordamerikanischen Scharlach-Erdbeere gezüchtet worden. Die Hybride verbreitete sich schnell in den Gärten Europas und wurde als Ananas-Erdbeere (*Fragaria × ananassa*) bezeichnet. Sie gilt als die Mutter aller heute bekannten Garten-Erdbeeren. Die kleinfrüchtigen Monats-Erdbeeren, die kontinuierlich den ganzen Sommer über Früchte tragen, haben hingegen Wald-Erdbeer-Blut in ihren Genen.
Botanisch gesehen ist die Erdbeere eine Staude aus der Familie der Rosengewächse und ist damit mit Äpfeln, Kirschen, Birnen und Pflaumen verwandt. Bei der Frucht der Erdbeere handelt es sich genau genommen um keine Beere, sondern um eine sogenannte Sammelnussfrucht: Die Samen sind kleine Nüsschen und sitzen an der Schale der Früchte.

Blüte an Blüte – hier dürfen Sie sich auf eine gute Erdbeerernte freuen.

Sorten für den Garten

Die Sortenvielfalt bei Erdbeeren ist groß, laufend kommen weitere Sorten auf den Markt. Es sind jedoch nicht alle für den Anbau im Garten geeignet. Sie sollten selbstverständlich wenig anfällig gegenüber Krankheiten und Schädlingen sein und natürlich gut schmecken. 'Senga Sengana', eine im Garten weit verbreitete Sorte, schmeckt aromatisch und eignet sich gut fürs Marmeladekochen und als Belag für leckere Torten. Leider ist sie ein wenig anfällig für Grauschimmel, einer typischen Erdbeerkrankheit. Daher sind weite Pflanzabstände wichtig, damit die Pflanzen besser durchlüftet werden und nach Regen schneller abtrocknen. Das beugt den Krankheiten vor. Wichtig ist auch das regelmäßige Entfernen befallener Früchte.
Eine gute Alternative ist die neue Sorte 'Mieze Nova'. Sie wurde aus der legendären 'Mieze Schindler' gezüchtet, die leider schon auf dem Weg vom Beet zum Haus matschig wird, dabei aber unerreicht aromatisch schmeckt. 'Mieze Nova' schmeckt fast genauso gut, ist aber ungleich robuster.

Garten-Erdbeeren entwickeln sich am besten, wenn Sie sie in Reihen pflanzen.

Die kleinen Wald-Erdbeeren überraschen mit einem besonders intensiven Aroma.

So wird es eine reiche Ernte

Eine Voraussetzung für gute Ernte ist eine frühzeitige Pflanzung im Jahr davor. Der beste Pflanzzeitpunkt für Erdbeeren liegt Ende Juli. Je später Sie sie in die Erde bringen, desto geringer ist der Ertrag im nächsten Jahr. Gepflanzt wird normalerweise in Reihen, dann lässt sich leichter ernten. Als Abstand zwischen den Reihen haben sich, je nach Wuchsstärke der jeweiligen Sorte, 50–80 m bewährt. Nach dem Pflanzen das Angießen nicht vergessen. Wichtig ist die Bewässerung in den ersten 2–3 Wochen nach der Pflanzung, besonders bei heißem Wetter. Zusätzlich sollten Sie sie in Trockenperioden und während der Fruchtentwicklung gießen. Auf gut mit organischem Dünger versorgten Böden, zum Beispiel wenn Sie vor dem Pflanzen Kompost ausgebracht und pro Quadratmeter eine Handvoll Hornspäne untergemischt haben, ist keine zusätzliche Düngung der Erdbeeren notwendig. Ab Mitte Mai können Sie Stroh zwischen die Reihen und unter die reifenden Früchte legen. So können Sie auch bei feuchtem Wetter halbwegs trockenen Fußes ernten, das Unkraut wird durch die Mulchschicht unterdrückt und die Erdbeeren bleiben so sauber.

Ungewöhnliches für wenig Platz: die Erdbeerwiese

Ein Bereich von wenigen Quadratmetern genügt schon, um heimische Wald- oder robuste Monats-Erdbeeren flächendeckend zu pflanzen – also als eine Art essbare Erdbeerwiese. Von dieser können Sie viele Monate lang ernten. In den letzten Jahren sind zudem neue, besonders reichtragende Sorten gezüchtet worden, die sich hervorragend dafür eignen. Aus der Kreuzung von Monats- und Garten-Erdbeeren sind Hybriden mit der botanischen Bezeichnung *Fragaria × vescana* hervorgegangen: zum Beispiel die Sorten 'Spadeka' und 'Florika'. 'Florika' ist nicht ganz so aromatisch wie 'Spadeka', die Früchte sind jedoch größer und der Ertrag ist höher. Beide Sorten haben relativ weiche Früchte und sind am besten zum sofortigen Naschen geeignet. Sie bilden viele Ausläufer und eignen sich daher als Bodendecker auch unter lichten Gehölzen, wo sie noch ausreichend Licht erhalten. Durch ihre hochstehenden Fruchtstiele lassen sie sich leicht entdecken und ernten.

Vitaminbomben: Smoothies aus Obst und Gemüse

Smoothies haben sich in den letzten Jahren zu einem echten Trendgetränk entwickelt. Eigentlich handelt es sich dabei um ein relativ flüssiges Fruchtmus, das sich mehr oder weniger gut trinken lässt. Viel leckerer und gesünder als fertig gekaufte sind frische, selbst gemixte Smoothies.

Fünfmal Gesundheit am Tag

Fünf Portionen Obst und Gemüse täglich empfiehlt die Deutsche Gesellschaft für Ernährung. Es ist nicht immer ganz einfach, diese Menge zu erreichen. Smoothies sind eine Möglichkeit, dem Ideal ein wenig näher zu kommen. Anders als bei klassischen Fruchtsäften kommen bei Smoothies ganze Früchte – bis auf Schalen und Kerne – in den Mixer. Nach dem Pürieren wird das Fruchtmark mit frisch gepressten Säften gemischt bis es die richtige Konsistenz hat: smooth, also weich, auf der Zunge zergehend.
Als Durstlöscher sind sie nicht unbedingt geeignet, dafür sind sie nicht flüssig genug und haben auch zu viele Kalorien. Also zu reichlich sollten Sie nicht davon trinken. Aber ein Genuss sind sie auf jeden Fall.

Das Gleiche in Grün

Zu gesunden Smoothies wird verarbeitet, was der Garten gerade an frischen Früchten bietet. Wie wäre es mit Brombeeren?

Smoothies mit Kräutern und grünem Blattgemüse werden als Green Smoothies bezeichnet. In den USA sind sie bereits der Hit und auch hierzulande kommen sie immer mehr in Mode. Vor allem Blattgemüse wie Salat, Kohlsorten und das Grün von Möhren oder Blätter vom Kohlrabi, besonders aber Wild- und Gartenkräuter werden gern für die Green Smoothies verwendet. Zusammen mit aromatischen Früchten bringen sie eine Fülle an Vitaminen, Mineralstoffen und Proteinen ins Getränk.
So ein Smoothie kann durchaus als eine kleine Mahlzeit gelten, da im Gegensatz zum Saft die Ballaststoffe beim Pürieren nicht verloren gehen. Als Faustregel für die grünen Smoothies gilt ein Früchte-„Grünfutter“-Verhältnis von 60:40. Aber auch Smoothies nur aus Gemüse und Kräutern können fantastisch schmecken und sie sind übrigens kalorienärmer als die Varianten aus Obst.

ZUTATEN:

> Frische Früchte oder Gemüse
> Wasser oder Fruchtsaft
> nach Wunsch Joghurt, Buttermilch oder Kefir

Mein Smoothierezept

SO WIRD'S GEMACHT:
Die Zutaten entkernen, schälen und in Stücke schneiden. Mit einem Mixer fein pürieren und etwas Wasser, Fruchtsaft oder Joghurt, Buttermilch oder Kefir hinzugeben, damit es die gewünschte Konsistenz bekommt.

Gemüse aus dem eigenen Garten

In einer Zeit, in der die positiven Wirkungen von frischem Gemüse auf unsere Gesundheit und unser Wohlbefinden immer wieder von Wissenschaftlern und Ärzten hervorgehoben werden, erlebt auch unser heimischer Gemüsegarten seinen berechtigten Aufschwung.

Erntefrisches für die Küche

Frisches Gemüse in seiner ganzen Vielfalt hat eine lange Tradition auf den Märkten in Italien und Frankreich und seit geraumer Zeit auch vermehrt bei uns. Sie können außergewöhnliche Kartoffelsorten, Tomaten in allen Farben und Formen, gelbe und grüne Zucchini, knackige Salate oder auch frische grün- und blauhülsige Bohnen bestaunen und natürlich kaufen. All diese unentbehrlichen Zutaten für eine frische und gesunde Küche können Sie aber auch in ihrem eigenen Garten anbauen. Vollwertiger geht es gar nicht: Am Morgen taufrisch geerntet und dann gleich schonend verarbeitet, bleiben Vitamine und Spurenelemente weitgehend erhalten.

Ist das nicht reizvoll: Sie gehen einfach in ihren Gemüsegarten und schauen, was reif ist – daraus ergibt sich dann der Speiseplan. Also zum Beispiel leckere Blattsalate, die täglich geschnitten werden dürfen, weil sie immer wieder neue Blätter nachbilden und so die ganze Saison über Lieferant für frisches Grün sind. In den Salat kommen vielleicht noch ein paar reife Cocktail-Tomaten und ein paar von den Blüten der Kapuzinerkresse, die am Zaun rankt. Und vielleicht ist auch schon die erste Zucchini reif, die klein gewürfelt nicht nur in die Gemüsepfanne kommt, sondern auch einen gemischten Salat perfekt ergänzt. Für die Hauptspeise bieten sich die großen Fleisch-Tomaten oder auch Paprikaschoten an, die mit anderem Gemüse, Kräutern oder natürlich auch mit Reis oder Hackfleisch gefüllt werden können. Und zum Nachtisch lässt sich bestimmt ebenfalls das Passende finden. Erdbeeren haben eine lange Saison, wenn Sie verschiedene Sorten pflanzen, die zu unterschiedlicher Zeit reif werden. Dazu noch einige Blättchen Minze und Melisse und das opulente Mahl ist perfekt.

Es lebe die Vielfalt

Ein Gemüsegärtchen für den eigenen Bedarf muss gar nicht besonders groß sein. Auf wenigen Quadratmetern findet Ihr Lieblingsgemüse seinen Platz, besonders wenn Sie einige Tricks und Kniffe beachten, wie man verschiedene Arten und Sorten platzsparend anbaut.

In einem ausgewogenen Gemüsegarten, und sei er auch noch so klein, finden sich unterschiedlichste Arten, die sich in der Fruchtfolge abwechseln. Auf diese Weise ermöglichen Sie einen äußerst abwechslungsreichen Speiseplan und so wird auch dauerhaft die Fruchtbarkeit des Bodens erhalten.

Fast alle Gemüsearten haben zudem Lieblingsnachbarn, neben denen sie besonders gut gedeihen. Wenn Sie über dieses „Wer kann gut mit wem" Bescheid wissen, ist das schon die halbe Miete für eine reiche Ernte und gesunde Pflanzen. Das Zauberwort dafür heißt Mischkultur. Genau zu überlegen, welches Gewächs Sie neben welches pflanzen, lohnt sich aber noch aus einem anderen Grund: Sie können Platz sparen, wenn sie Gemüsearten nebeneinander pflanzen, die unterschiedlich schnell wachsen. So kommen beispielsweise Karotten und Radieschen bestens miteinander aus, denn die Radieschen sind schon nach ein paar Wochen erntereif, wenn die Karotten noch lange nicht so weit sind. Sie haben dann erst ihr Laub ein wenig kräftiger ausgebildet. Wenn Sie die Radieschen ernten, bekommen die Karotten zusätzlichen Platz, um kräftig zu wachsen.

FRUCHTWECHSEL FÜR GESUNDEN BODEN

Die meisten Gemüsearten laugen den Boden auf Dauer aus, besonders die sogenannten Starkzehrer, dazu gehören beispielsweise die meisten Kohlarten aber auch Kartoffeln, Kürbis, Zucchini oder Sellerie. Bevor sie ins Beet gesät werden, bekommt der Boden erst einmal eine ordentliche Düngung mit Stallmist und Kompost. Im darauffolgenden Jahr säen Sie auf diesen Flächen Gemüse an, welches sich mit weniger Nährstoffen zufriedengibt, wie Salate, Mangold, Möhren oder Zwiebeln. Im dritten Jahr nehmen die sogenannten Schwachzehrer ihren Platz ein, also Spinat, Erbsen, Radieschen oder einjährige Würzkräuter.

Reiche Ernte auf kleiner Fläche

Blättert man in alten Büchern, findet man beim Thema Gemüsegarten oft die Faustregel, dass man als Selbstversorger 80 m² Anbaufläche pro Person rechnen sollte. Das heißt, eine Familie, wie sie heute üblich ist, würde einen Garten von 200–300 m² benötigen. Aber es geht auch anders …

Gärtnern im Quadrat

200–300 m² Gemüsebeet – wer hat schon so viel Platz heutzutage? Und außerdem benötigen Sie ja auch noch Raum für schöne Blumen, Sitzplätze und andere Bereiche, die Ihren Garten zum grünen Wohnzimmer machen. Aber es gibt einige Anbaumethoden, die eine besonders reiche Ernte auch auf kleiner Fläche möglich machen. Vielleicht haben Sie schon einmal vom Square Foot Gardening gehört? Hinter diesem Begriff verbirgt sich eine an kleine Flächen perfekt angepasste Form der Mischkultur. Ursprünglich stammt sie aus Amerika, genauer gesagt von den Amish. Inzwischen ist die Methode aber besonders beliebt in den Städten, wo experimentierfreudige Gartenbesitzer mit ihrer Hilfe reiche Ernten sogar in winzigen Hinterhöfen erzielen.

Beim sogenannten Square Foot Gardening wird der Nutzgarten nicht in Reihen angelegt. Bei dieser Anbauweise wird das Beet in 30 × 30 cm große Quadrate eingeteilt und diese platzsparend bepflanzt. Daher kommt auch der Namen Square Foot, denn Foot ist ein in den USA übliches Längenmaß von etwa 30 cm. Die kleinste Beeteinheit besteht aus einer Grundfläche von 120 × 120 cm, die dann meist mithilfe von Holzlatten in 16 Quadrate von je 30 × 30 cm unterteilt wird. Diese Größe bietet einer Vielzahl von Kräutern und Gemüsesorten genügend Platz zum Gedeihen. Bei geschickter Wahl der Fruchtfolge über das Jahr hinweg genügt ein solch kleines Beet, um eine drei- bis vierköpfige Familie laufend mit frischem Gemüse zu versorgen. Wenn Sie mehr benötigen, bauen Sie einfach weitere Beeteinheiten an.

Die Größe der einzelnen Quadrate wurde mit Bedacht gewählt, denn ein Quadrat bietet entweder einer einzelnen großen Pflanze Platz, wie einem Blumenkohl oder auch einer Tomatenpflanze, oder mehreren kleineren, zum Beispiel 9 Möhren, 16 Lauchzwiebeln oder 4 Pflücksalaten. Auch Rankhilfen können an den Beeten befestigt werden, um Zucchini und kleinere Kürbisse hochzubinden. Im Prinzip handelt es sich beim Square Foot Garden um ein relativ niedriges Hochbeet, das konsequent in ein Raster unterteilt wird. Die richtigen Pflanzabstände ergeben sich mit dieser Methode fast von selbst. Klingt interessant? Versuchen Sie es doch erst einmal mit einem kleinen Beet mit einer Grundfläche von 2 × 2 m, das sich gut in 25 Quadrate einteilen lässt. Die Teilflächen werden dann größer als die klassischen 30 cm, aber das ist nur ein Richtwert und daher völlig in Ordnung. Sie können nach Lust und Laune abwandeln. In die Fächer säen Sie die unterschiedlichen Gemüsesorten. Je

Besonders hübsche, ländlich-rustikale Einfassungen lassen sich aus biegsamen Zweigen selber flechten.

Zucchini sind ein leckeres und unkompliziertes Gemüse, das eine reiche Ernte garantiert.

nach Art werden die einzelnen Fächer kürzer oder länger belegt, sodass Sie zwischendurch immer wieder einzelne Quadrate nachsäen und nachpflanzen, wenn die vorhergehenden Arten abgeerntet wurden. Auf diese Weise ergibt sich automatisch eine variantenreiche Mischkultur. Außerdem haben Sie anders als im klassischen Gemüsegarten nicht ganze Reihen mit einer einzigen Art, sondern eben nur wenige Pflanzen eines Gemüses in den einzelnen Quadranten. So haben sie nie zu viel auf einmal. Frei gewordene Quadrate können Sie auch gut nutzen, um starkwüchsige Arten auseinanderzupflanzen, falls diese mehr Platz benötigen, wenn sie auf ihren Reifezeitpunkt zusteuern. Weiß- und Rotkohl beispielsweise benötigt nach der Aussaat zunächst nicht viel Platz. Um sich aber gut entwickeln zu können, brauchen sie später durchaus so viel Raum, dass eine einzige Pflanze ein Quadrat ausfüllt.

Am Hochbeet arbeitet es sich in bequemer Höhe, Ihr Rücken wird sich freuen.

Ein Hoch auf das Hochbeet

Mit der Biogartenbewegung ist auch das Hochbeet wieder zu neuen Ehren gekommen. Durch seinen besonderen Aufbau kann es mehr Wärme speichern als ein flaches Beet. Da es aus verschiedenen Schichten an verrottbaren Materialien aufgebaut ist, entsteht durch den Rotteprozess im Inneren sehr viel Wärme, die den Pflanzen zugutekommt. Im ersten Jahr nach dem Aufsetzen sind das immerhin 4–5 °C, die das Hochbeet wärmer als ein normales bodenebenes Beet ist. Ein gut aufgebautes Hochbeet lässt sich etwa 6 Jahre bepflanzen, bevor es wieder von Neuem aufgeschichtet wird. Um das Sonnenlicht optimal zu nutzen, legen Sie es am besten in Nord-Süd-Richtung an. Von der Breite her sind 1,50 m ideal, denn so kommen Sie von beiden Seiten bequem an die Pflanzen heran, ohne sich unnötig strecken zu müssen. Hochbeete können Sie relativ einfach selber bauen, es gibt aber von verschiedenen Herstellern praktische Ausführungen, die einfach aus einzelnen Elementen zusammengesteckt werden. Sehr schön sind beispielsweise Modelle aus leichten Betonelementen, die aber Holzplanken oder Natursteinen täuschend ähnlich sehen. Oft gibt es sie als Module, sodass Sie die Höhe der Beete ganz nach Ihrem persönlichen Bedürfnis festlegen können. In die Hochbeete füllen sie zuunterst grobes Pflanzenmaterial, etwa geschredderte Äste und grobe Staudenschnittreste, darüber groben Kompost und wenn Sie einen Pferdehalter in ihrer Nähe haben, auch etwas Stallmist, darüber Rasenschnitt, Laub und reife Komposterde. Nun können Sie mit der Aussaat beginnen und genau wie im Beet oder im Square Foot Garden (siehe Seite 100) nach der Mischkultur vorgehen.

Kletternde und rankende Pflanzen wie die Kapuzinerkresse lassen ihre Triebe dekorativ über den Beetrand hängen.

Tischlein deck dich

Haben Sie schon einmal in einer Gärtnerei ganz genau hingeschaut? Sehr oft werden die Pflänzchen dort auf Tischen, ganz bequem in Hüfthöhe, gehegt und gepflegt. Meist handelt es sich dabei um Zierpflanzen. Doch auch viele Gemüsearten gedeihen gut auf solchen Tischen. Da ihre Seitenränder nur etwa 20–30 cm hoch sind und demzufolge auch die Erde nur so hoch eingefüllt werden kann, kommen sie natürlich für tief wurzelnde Rüben und Knollen nicht infrage. Aber für Radieschen, Pflücksalate und anderes Naschgemüse sind sie ohne Weiteres hoch genug. Am besten steht der „Gemüsetisch" auf der Terrasse oder an einem anderen Platz in der Nähe des Hauses, damit Sie alles beim Kochen gleich griffbereit haben. Zudem sehen Sie so besser, wann Ihre Pflanzen gegossen werden müssen. Durch die geringe Höhe kann die Erde nicht so viel Wasser speichern und Sie werden häufiger gießen müssen als bei einem normalen Beet. Mehrere Abzugslöcher am Boden der Tische sorgen für ein schnelles Ablaufen von überschüssigem Gießwasser.

Tausendsassa Hochbeet

Übrigens hat ein Hochbeet nicht nur Vorteile für die Pflanzen, die sich über die Wärme von unten freuen und es mit üppigem Wachstum danken. Auch für Ihren Rücken ist so ein Hochbeet eine Wohltat, denn beim Arbeiten und Ernten müssen Sie sich nicht bücken, sondern können bequem und aufrecht stehend an ihre reifen Schätze gelangen.

Köstliche Tomaten

Tomaten gehören zu den beliebtesten Gemüsearten nicht nur bei uns, sondern in ganz Europa. Allein in Deutschland isst jeder fast 10 kg pro Jahr. Eine eigene sonnengereifte Tomate schmeckt dabei viel aromatischer als die traurige Treibhaus-Variante im Supermarkt.

Bunte Paradiesfrüchte

Von den Tomaten aus dem eigenen Garten dürfen Sie regelrecht erwarten, dass sie viel besser schmecken als die gekauften. Das liegt natürlich zum einen daran, dass im Erwerbsgartenbau die Früchte schon geerntet werden, wenn sie noch nicht reif sind, damit sie besser transportiert werden können. Zum anderen werden dort vor allem Sorten angebaut, die möglichst einheitlich wachsen und reifen, um sie leicht ernten zu können. Ein weiteres Kriterium ist eine möglichst hohe Druckfestigkeit, sodass die Früchte nach dem Transport nicht schon im Laden Druckstellen haben und schnell verderben. Das sind natürlich keine Eigenschaften, die uns als Tomatenliebhaber interessieren. Wir wünschen uns Tomaten mit vollem Geschmack und vor allem auch unterschiedliche Geschmacksvarianten. Denn die Vielfalt bei Tomaten ist unglaublich groß. Es gibt Tomatensorten in fast allen Farben, vom klassischen Rot über Orange bis Gelb, einige Sorten haben aber auch violette bis fast schwarze Früchte, und sogar weiße Sorten sind auf dem Markt. Auch die Formenvielfalt ist unübertroffen. Runde Tomaten sind die Klassiker, fast genauso bekannt sind aber auch die flaschenförmigen San Marzano-Tomaten aus Italien, die die Grundlage für sehr aromatische Tomatensoßen bilden. Besonders großfrüchtige Sorten, zum Beispiel Fleischtomaten, die es auch in ungewöhnlichen grün gestreiften Variationen gibt, eignen sich zum Füllen, aber auch gebraten als Beilage zu herzhaften Fleischgerichten.

Aus der Neuen Welt

Tomaten haben ihren Ursprung in Mexiko, Peru und Ecuador. Sie kamen im 16. Jahrhundert nach Europa, nachdem Columbus den bis dahin unbekannten Kontinent entdeckt hatte. Allerdings erkannte man damals noch nicht den Nutzen dieser Pflanze. Zunächst wurde sie nur als Zierpflanze angebaut. Sie galten als giftig. Das ist insofern auch richtig: Die unreifen Früchte enthalten noch so viel des schwach giftigen Stoffes Solanin, dass sie auf keinen Fall gegessen werden sollten – was übrigens für alle Nachtschattengewächse gilt. Nur wenn die Früchte vollreif sind, sind sie genießbar. Sorten mit grünen Früchten dazu genau anschauen. Erst nach 1700 erkannte man den Wert der Tomate für die Küche und ihr Siegeszug begann.

TOMATEN MÖGEN ES TROCKEN

So ganz pauschal stimmt diese Aussage nicht, denn Tomaten lieben es sehr wohl feucht, aber nur im Wurzelbereich, nie auf den Blättern! In nassen, kalten Sommern reifen nicht nur die Früchte schlecht, die Pflanzen sind auch durch die Kraut- und Braunfäule gefährdet. Diese Krankheit wird durch einen Pilz verursacht, der sich bei regnerischem Wetter besonders gut vermehrt. Am besten umgehen Sie die Gefahr, wenn Sie Ihre Tomaten in Töpfen auf eine überdachte Terrasse stellen oder ihnen eine Überdachung im Garten bauen. Im Handel gibt es fertige Tomatenhäuser zu kaufen, die schnell aufgebaut sind und 3–4 Pflanzen Platz bieten.

Tomaten müssen nicht immer rot sein, die Sorte 'Green Zebra' ist grün gestreift.

Unter den zahlreichen Toma-tensorten finden sich auch solche mit ungewöhnlichge-formten Früchten.

Gut für die Gesundheit

Nur wenige andere Gemüsearten liefern uns so viele wertvolle Inhaltsstoffe wie die Tomaten. Neben den Vitaminen A, B, D und E sowie Folsäure ent-halten Tomaten auch erstaunlich viel Vitamin C: 100 g Früchte enthalten etwa ein Viertel der empfohlenen Tagesmenge. Die Vitamine A und E gehören zu den fettlöslichen Vitaminen, daher liegen Sie richtig, wenn Sie Ihren Toma-tensalat mit Öl anrichten, ganz nach südländischer Tradition. Daneben sind Tomaten aber auch echte Schlankmacher, denn sie bestehen zu über 90 % aus Wasser und haben weniger als 20 kcal je 100 g Früchte. Besonders wert-voll sind übrigens auch die sogenannten sekundären Pflanzenstoffe, die das Immunsystem stärken, sowie, zumindest bei den roten Sorten, der Wirkstoff Lycopin. Lycopin gilt als Fänger freier Radikale im Körper und stärkt zudem Herz und Kreislauf. Relativ unbekannt, dabei ganz besonders wirksam gegen Stress und Überlastung, ist der Wirkstoff Tyrosin. Auch davon besitzt die Tomate reichlich. Daneben enthalten sie wertvolle Mineralstoffe wie Kalzium, Eisen und Zink. Sie sehen, es handelt sich bei den Tomaten um eine echte Gartenapotheke, die dazu noch unvergleichlich gut schmeckt.

Da haben wir den Salat

Ob Kopfsalat, Batavia, Römischer Salat oder die verschiedenen Schnittsalate, die Auswahl ist riesig und für jeden Geschmack ist etwas dabei. Der Anbau ist einfach. Wenn Sie die Aussaattermine staffeln und zu verschiedenen Arten greifen, können Sie zwischen Mai und Oktober immer einen Salat aus dem Garten auf den Tisch zaubern.

Für jeden Geschmack ist etwas dabei

Unsere heutigen Salatsorten sind fast alle aus dem Garten-Lattich entstanden, der schon seit der Antike, damals aber als Heilpflanze, angebaut wurde. Sein Geschmack ist ziemlich bitter, sodass er heutzutage kaum noch den Weg in die Küche finden würde. Ein wenig von diesem Erbe schmeckt man noch im Romanasalat, der einen ganz eigenen, aber sehr angenehmen nussig-bitteren Geschmack hat.

Radicchio hingegen stammt von der Zichorie ab, einer auch bei uns heimischen Wildpflanze, aus deren Wurzel früher Kaffee-Ersatz hergestellt wurde.

FÜR UNGEDULDIGE

Wer schon ganz früh im Jahr frischen Salat haben möchte, kann ab März Jungpflanzen kaufen und diese ins Beet setzen. Ein Vlies schützt sie vor Kälte.

Salat mit Köpfchen

Vor wenigen Jahren noch war der klassische Kopfsalat der typische Vertreter im Gemüsebeet. Daneben hat auch der Eisbergsalat aufgeholt, dessen Blätter viel knackiger schmecken und der in Restaurants schon lange eine wichtige Zutat auf dem Salatbuffet ist. Damit ist die Auswahl aber noch lange nicht zu Ende. Bei den Kopfsalaten gibt es fast alle Farben und Formen: Es gibt grüne, gelbe, rote und mehrfarbige Sorten, solche mit glatten oder stark gekräuselten Blättern, mit gewellten Blatträndern oder mit Buchtungen, die an Eichenlaub erinnern. Alleine schon durch die Kombination unterschiedlicher Salatsorten können Sie im Handumdrehen einen Salat zaubern, der nicht nur den Gaumen, sondern auch das Auge erfreut.

Besonders dekorativ sind die sogenannten Lollo-Salate, deren gekräuselte Wuschelköpfe eine Zierde in jedem Beet sind. Mit vollem Namen möchten sie als *Lactuca sativa* Typ 'Lollo rossa' beziehungsweise 'Lollo bionda' angesprochen werden. Von fast bizarrer Schönheit sind Sorten, deren Blätter wie Hirschgeweihe geschlitzt sind. Solchen Augenschmaus finden Sie beispielsweise beim Endiviensalat. All diese Sorten sorgen dafür, dass sich Ihr Gemüsebeet hinter keinem Stauden- oder Sommerblumenbeet verstecken braucht. Oftmals werden die schönen Salate ja auch im Zierbeet integriert, wo sie Lücken schließen und abgeblühte Frühjahrsblumen ersetzen.

So klappt es im Garten

Salat gedeiht auf allen Gartenböden gut. Das einzige, worauf Sie achten sollten, ist ein eher niedriger Stickstoffgehalt im Boden, denn sonst sammelt sich leicht zu viel Nitrat in den Blättern. Das erreichen Sie, indem Sie eher sparsam düngen und als Vorkultur starkzehrende Arten wie Kohl auswählen. Salat können Sie bereits im zeitigen Frühjahr ins Beet säen. Schnell wachsende, kälteverträgliche Sorten wachsen bereits bei kühlen Temperaturen rasch heran und können ab Mai geerntet werden. Diese Sorten würden, wenn Sie sie im Sommer aussäen, leicht schossen, Blüten ansetzen und nicht mehr schmecken. Für die Sommermonate gibt es spezielle schossfeste Sorten wie 'Ovation' und 'Kagraner'. Sie blühen auch an den langen Tagen im Hochsommer nicht, sondern bilden geschlossene Köpfe.

Eisbergsalat gilt als besonders schossfest. Außerdem hat er den Vorteil, dass Sie ihn nach der Ernte noch ein paar Tage im Kühlschrank lagern können, ohne dass er seine Knackigkeit verliert.

Balkongärtner brauchen auf knackig frischen Salat nicht zu verzichten, denn er gedeiht auch im Topf.

Die Dauerläufer: Pflücksalat für die ganze Saison

Im Gegensatz zu den Kopfsalaten bilden Pflücksalate keine Köpfe aus, sondern bilden lockere Blattschöpfe. Für den Nasch- und Küchengarten sind sie absolut ideal, denn Sie können sie die ganze Saison über aussäen: vom zeitigen Frühjahr bis in den Herbst hinein. Anders als bei den Kopfsalaten wird hier nicht die ganze Pflanze geerntet, sondern nach und nach immer die äußeren Blätter – gerade so viel wie Sie benötigen. Solang Sie die inneren Blätter stehen lassen, bilden sich immer neue Salatblätter nach. Auch bei den Pflücksalaten gibt es zahlreiche Sorten mit den unterschiedlichsten Blattfarben und -formen.

Besonders würzig sind die in den letzten Jahren so beliebt gewordenen Asia-Salate. Sie stammen im Gegensatz zu den klassischen Pflücksalaten vom Senf ab und sind weitläufig mit unseren Kohlarten verwandt.

Übrigens müssen Sie auch im Winter nicht auf den Genuss von frischem Pflücksalat verzichten. Feldsalat kann im Herbst gesät und über mehrere Monate geerntet werden.

Ernten zum richtigen Zeitpunkt

Wussten Sie, dass Salat am besten nicht morgens, sondern nachmittags oder abends geerntet wird? Nitrate, die der Salat aus dem Boden aufnimmt, kann er mithilfe von Sonnenlicht in gesunde Proteine umwandeln. Nach einigen Stunden Tageslicht ist der Nitratgehalt also deutlich niedriger und der Salat somit gesünder.

Rankhilfen für Klettermaxe

Stäbe oder Seile sind das Richtige für Stangenbohnen. Die Pflanzen winden sich darum und halten sich selbstständig fest. Rankgitter sind vor allem für Kürbisse und Kletter-Zucchini, zum Beispiel 'Black Forest', geeignet, die mehr in die Breite wachsen und sich mithilfe ihrer Blattranken festhalten. Sowohl Kürbisse als auch Zucchini bilden Früchte, die sehr schwer werden. Die Seitentriebe sollten Sie deswegen zusätzlich anbinden.

Auch Erbsen freuen sich über etwas Unterstützung auf ihrem Weg nach oben, auch wenn die niedrigen Sorten durchaus von selber die nötige Standfestigkeit entwickeln. Für die höheren Sorten können Sie ganz einfach eine schnelle Rankhilfe zaubern. Stellen Sie beispielsweise alte Volleyballnetze auf: einfach an beiden Enden Pfosten in die Erde stecken und das Netz daran straff befestigen. Wenn Sie Ihre Erbsen an eine Wand pflanzen, können Sie sich vielleicht auch für den folgenden Vorschlag begeistern: Nehmen Sie einen alten Fensterrahmen ohne Glas und schrauben Sie ihn mit Abstandhaltern an allen vier Ecken an die Wand. Nun schlingen Sie ein langes Seil oder eine dickere Schnur längs im Abstand von 5–10 cm parallel um den Rahmen. So ergibt sich zunächst ein Streifenmuster. Genauso schlingen Sie das Seil auch quer um den Rahmen herum, bis Sie ein gleichmäßiges Gittermuster erhalten. Die Erbsen können sich optimal an dieser Konstruktion festhalten. Doch auch für kletternde Zucchini oder Gurken eignet sich ein solches „Kletterfenster" sehr gut. Falls nötig können Sie die Triebe zusätzlich festbinden.

Unter den Gemüsearten gibt es etliche, die hoch hinaus wollen. Sie winden sich an Zäunen empor oder halten sich mit ihren Ranken an allem fest, was sich ihnen bietet. Helfen Sie ihnen: Verschiedene Arten möchten unterschiedliche Kletterhilfen.

Oben:
Wenn Sie Kürbisse an einem Spalier ziehen wollen, brauchen sie eine sehr stabile Kletterhilfe.

Rechts:
Ebenso wie Tomaten sind auch Gurken dankbar für eine Stütze, an der die Triebe festgeklammert werden.

Viele Tomatensorten wachsen ordentlich in die Höhe. Mit einem Stab sollten Sie sie vor dem Umknicken bewahren, im Fachjargon heißt es auch, sie müssen gestäbt werden. Sicherlich kennen Sie die klassischen, überall erhältlichen Tomatenstäbe, an denen Sie die Triebe gut befestigen können. Sie sind zweckmäßig, aber so richtig hübsch sind sie eigentlich nicht. Daher finden Sie hier eine Idee zum Selberbauen. Sie benötigen lediglich einen Holzpfosten mit 5–7 cm Durchmesser, einen Bohrer und entweder einen kräftigen, aber noch biegsamen Draht oder biegsame Ruten von Haselsträuchern oder Weiden. In den Pfosten bohren Sie nun im Abstand von etwa 10 cm Löcher, dann den Draht spiralförmig um den Pfosten wickeln und dabei immer durch die Löcher hindurchziehen. Dann sieht es so aus als würde sich der Draht locker schwebend um den Pfosten wickeln.

Links:
Stangenbohnen winden sich an Stäben in luftige Höhen empor.

Rechts:
Bohnen ranken auch an gespannten Schnüren nach oben. Ihr grüner Mantel macht die Rankhilfe fast unsichtbar.

Nur fast vergessen: Gemüseraritäten aus alten Zeiten

Früher gehörten sie in jeden Gemüsegarten: Pastinaken, Topinambur oder Teltower Rübchen. Lange Jahre waren sie in Vergessenheit geraten, jetzt haben sie auch Spitzenköche wiederentdeckt. Als Püree, gedünstet oder gekocht – vor allem im Winter sind diese Schätze aus Großmutters Garten ein kulinarischer Hochgenuss.

Die Vorzüge alter Landsorten

MIT BESTEN EMPFEHLUNGEN: REGIONAL UND ROBUST

› Stangen-Bohne 'Mombacher Speck' oder 'Neckargold'
› Busch-Bohne 'Saxa' oder 'Brown Dutch'
› Erbse 'Kleine Rheinländerin' oder 'Wunder von Kelvedon'
› Butterkohl 'Goldvital'
› Grünkohl 'Lerchenzungen'
› Weißkohl 'Filderkraut'

Auch die allseits bekannten Standardgemüse waren früher in riesiger Sortenvielfalt in den Gärten zu finden. Blauschalige Erbsen, rote Frühlingszwiebeln, hellgelbe Karotten, leuchtend blaue Kartoffeln oder geringelte Radieschen, je nach Region unterschieden sich die angebauten Sorten teils ganz erheblich voneinander. Das hatte seinen guten Grund: Die Sorten waren durch jahrzehnte- oft jahrhundertelange Auslese perfekt an ihre Umgebung angepasst und gediehen im jeweiligen Klima besonders gut.

Weil aber in den letzten Jahrzehnten immer weniger Gemüse in den Hausgärten angebaut wurde, gingen viele Sorten verloren. Die Saatgutindustrie interessierte sich kaum für sie, ihr Ziel war die Züchtung einheitlicher Hochleistungssorten für die Landwirtschaft. Gleichmäßige Reife, uniformes Aussehen, leider oft mittelmäßiger Geschmack – das ist das Ergebnis. Manche Gemüsearten haben nur durch das Engagement privater Initiativen überlebt, die sie immer wieder in ihren Gärten angebaut und weitervermehrt haben. Erst in letzter Zeit weiß man ihre Vorzüge wieder zu schätzen. Denn was für die Landwirtschaft eher hinderlich ist, wird im Hausgarten zum Vorteil: Bei alten Rosenkohlsorten beispielsweise reifen die Röschen nach und nach. Das ist für die Küche natürlich viel praktischer als wenn alle auf einmal geerntet und verarbeitet werden müssten.

Spannendes zum Ausprobieren

Guter Heinrich (*Chenopodium bonus-henricus*)
Er stand früher in jedem Hausgarten und wurde immer dann geerntet, wenn gerade nichts anderes zur Hand war. Seine Beliebtheit verdankt die Staude ihrer unkomplizierten Pflege. Das Blattgemüse hat ein würziges, herb-kräftiges Aroma. Die noch nicht blühenden, jungen Pflanzen können wie Spinat, die frischen Triebe (ungefähr die obersten 12 cm) auch wie Spargel zubereitet werden. Die Blüten kann man dünsten.

Links:
Rote Bete kennen viele nur in Essig eingekocht aus dem Supermarkt. Der Anbau im eigenen Garten ist jedoch einfacher, als man denkt.

Rechts:
Der Gute Heinrich heißt in manchen Gegenden auch Wilder Spinat. Er wird auch wie sein bekannter Namensvetter zubereitet.

Rote Bete oder Rote Rübe (*Beta vulgaris* subsp. *vulgaris*)
Hinter dem Wort Bete versteckt sich Beta, was nichts anderes heißt als Rübe. Bete gibt es neben den klassischen Roten Beten in ganz verschiedenen Sorten, zum Beispiel aus Italien stammende geringelte Bete, Gelbe und Weiße Bete. Bete lassen sich vielseitig zubereiten, zum Beispiel als Rohkostsalat oder gekocht, überbacken, gegrillt oder auch süßsauer eingelegt.

Teltower Rübchen (*Brassica rapa* subsp. *rapa* fo. *teltowiensis*)
Sie wurden einst nur in der Gegend von Berlin und der Mark Brandenburg angebaut. Goethe war ein großer Freund der kleinen Rübenart. Zur Zeit Napoleons wurden die Rüben in französischen Adelskreisen, wo man sie als „Navets de Teltow" bezeichnete, wegen ihres pikanten Geschmacks sehr gelobt. Hobbygärtnern ist es zu verdanken, dass es dieses 300-jährige Gemüse noch gibt. Die kleinen Rüben aus Brandenburg – die besten werden nur 7–10 cm groß – wachsen auch bei Minusgraden. Sie werden von Oktober bis März geerntet und haben ein außergewöhnliches, süßlich-scharfes Aroma. Sie können sie als Püree genießen oder mit etwas Meerrettich, Zucker, Salz und wenig Apfelessig einkochen.

Pastinake (*Pastinaca sativa*)
Seit dem 15. Jahrhundert werden Pastinaken in Deutschland angebaut. Sie sind ein süß-aromatisches Wintergemüse, wurden aber auch als Viehfutter angebaut. Kartoffeln und Möhren verdrängten die Pastinake hierzulande nach und nach, in England und Frankreich dagegen wurde sie durchgängig angebaut. Seit einigen Jahren erfährt sie eine Renaissance, ihr besonderes Aroma macht sie bei kreativen Köchen beliebt. Sie findet Verwendung in Suppen, Eintöpfen, Aufläufen, Salaten sowie als Beilagengemüse.

Schauen Sie einmal genau hin: Kürbis- und Zucchiniblüten sind richtig hübsch anzusehen.

Kugelrund und köstlich: Der Kürbis und seine Verwandten

MEIN JAUCHEREZEPT

2 kg frische Brennnesseln (vor der Blüte ernten!) und 20 l Wasser in ein Fass oder einen anderen großen Behälter geben und schattig stellen. 10–14 Tage stehen lassen und täglich gut umrühren. Bereits nach wenigen Tagen beginnt die Mischung zu gären und es bildet sich Schaum. Leider riecht sie auch unangenehm. Zum Düngen verdünnen Sie die fertige Jauche mit Wasser im Verhältnis 1:10 und gießen die Pflanzen damit. Die Jauche selber können Sie an einem schattigen Platz mehrere Wochen aufheben.

Kürbis in seiner ganzen Vielfalt ist ein absolutes Trendgemüse, vom zart schmeckenden kleinen Patisson-Kürbis bis hin zum klassischen Einmachkürbis, der durchaus einmal so viel wiegen kann wie Sie selbst.

Eine Großfamilie

Kürbis, Zucchini, Rondini oder Patisson, sie alle gehören zur gleichen Familie, und manchmal kann man auch gar nicht genau sagen, ob es sich nun um einen Kürbis oder um eine Zucchini handelt. In der Regel sind Zucchini länglich und Kürbisse rund, aber es gibt eben auch Ausnahmen. Die neuen Mini-Zucchini, die Rondini, sind kugelförmig und ihre Sorten haben so wohlklingende Namen wie 'Eight Ball' in Anlehnung an die Größe einer Billardkugel. Im Gegenzug gibt es zahlreiche Kürbissorten, die längliche oder birnenförmige Früchte haben.

Damit Kürbis und Zucchini gut gedeihen, benötigen Sie vor allem viel Wasser und Nährstoffe. Wenn Sie beobachten, wie schnell die Pflanzen wachsen und auch wie rasch sich ihre Früchte entwickeln, verstehen Sie sicher, warum sie solche Schluckspechte sind. Und noch etwas sollten Sie ihnen bieten: reichlich Platz. Für eine Zucchinipflanze müssen Sie auf jeden Fall 1 m² einplanen, für einen Kürbis der starkwüchsigen Art darf es gerne doppelt so viel Platz sein.

Vom Samenkorn zur Genießerfrucht

Da die Pflanzen eine recht lange Entwicklungszeit haben, werden sie schon zeitig ausgesät, entweder ab März auf der Fensterbank beziehungsweise in einem beheizten Gewächshaus oder ab Ende April unter Glas im Frühbeet. Bei Temperaturen unter 10 °C entwickeln sich die Pflänzchen allerdings nicht. Am besten säen Sie ein bis zwei Samenkörner in einzelne Töpfchen. Sehr gut geeignet sind selbst gemachte Anzuchttöpfe aus Papier. Sie haben den Vorteil, dass sie mit ins Beet gesetzt werden können und dort einfach verrotten. Wegen des großen Nährstoffhungers bereiten Sie das Beet gut vor, indem Sie reichlich Komposterde oder auch Pferdemist einarbeiten. Auch später freuen sich die Pflanzen über Düngergaben. Im Biogarten sind selbst angesetzte Pflanzenjauchen (siehe Kasten) eine gute Wahl. Die Pflanzen können die Wirkstoffe daraus sowohl über die Blätter als auch über die Wurzeln aufnehmen. Und ganz wichtig ist, immer viel zu wässern.

Ein perfekter Platz für die Anzucht von Kürbissen ist übrigens der Kompostplatz. Dort ist es besonders nährstoffreich und Platzmangel herrscht selten. Hier kann er sich ungestört ausbreiten und beschattet mit seinen großen Blättern zusätzlich den Kompost – Vorteile auf beiden Seiten. Die schwächer wachsenden Zucchini finden in der Regel auch im Beet ihren Platz. Einige Sorten wachsen rankend, für sie könnte man ein Rankgitter aufstellen (siehe Seite 108), zum Beispiel ein kleines Zaunelement. Auf diese Weise können Sie noch ein wenig Fläche einsparen.

Stars in der Küche

Zucchini und die kleinfrüchtigen Sorten des Kürbis können Sie kleingewürfelt ganz klassisch als Gemüse kochen oder dünsten. Daneben können Sie sie aber auch pürieren und als Suppe oder in Scheiben geschnitten als Auflauf und Gratin genießen. Eine andere Möglichkeit ist das Einkochen, entweder ähnlich wie Gurken süßsauer eingelegt oder im Zusammenspiel mit anderem Gemüse und Gewürzen als Chutney. Sie können Kürbis und Co. portionsweise roh einfrieren oder zu leckerem Kürbisbrot verarbeiten, ja sogar als Marmelade schmecken einige Kürbissorten gut. Mein Favorit hierfür ist der Feigenblatt-Kürbis *Cucurbita ficifolia*.

Zum Nachmittagskaffee: leckere Kürbismuffins

SO WIRD'S GEMACHT:

Die Hälfte des Kürbisfleisches grob raspeln und beiseite stellen. Die andere Hälfte in feine Würfel schneiden und mit ein wenig Wasser aufkochen bis sie weich sind, anschließend pürieren. Mehl, Zucker, Backpulver, Salz und Schokolade vermischen. Eier und Vanillezucker schaumig schlagen, Milch dazugeben und alles unter die Mehlmischung rühren. Anschließend Kürbispüree und -raspeln mit dem Öl verrühren und die Masse rasch unter den Teig heben. Dann in gut eingefettete Muffinförmchen geben und im Backofen bei 200°C Ober-/Unterhitze eine halbe Stunde goldbraun backen. Abkühlen lassen und mit Puderzucker bestreuen.

ZUTATEN FÜR ETWA 12 MUFFINS:

› 200 g Kürbisfleisch
› 180 g Mehl
› 50 g Zucker
› 2 TL Backpulver
› 1 Prise Salz
› 50 g gehackte dunkle Schokolade
› 2 Eier
› 1 Päckchen Vanillezucker
› 150 ml Milch
› 50 ml Öl
› etwas Puderzucker

Kleine Kürbiskunde

Die Vielfalt an Kürbissorten ist so riesig, dass Sie jedes Jahr ein paar andere ausprobieren können. Hier finden Sie eine Auswahl der schönsten und leckersten. Die Vielfältigkeit bezieht sich übrigens nicht nur auf das Aussehen, sondern auch auf die unterschiedlichen Geschmacksnuancen.

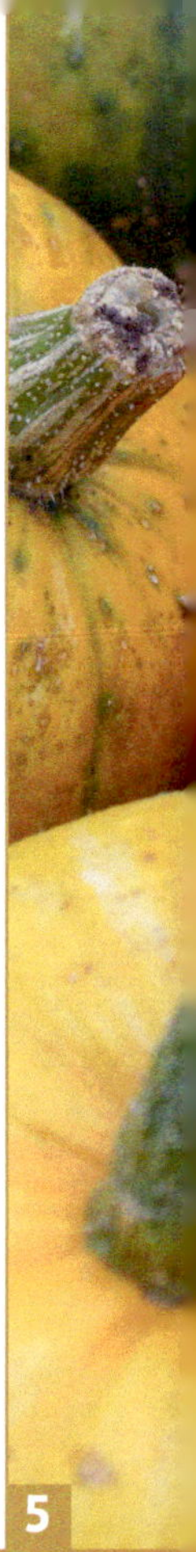

1
2
3
4
5
6

1 **Hokkaido-Kürbis**

Hierbei handelt es sich um einen Kürbis mit orangefarbenem Fruchtfleisch und einer Schale, die je nach Sorte unterschiedlich ausgefärbt ist: entweder in Orange- und Rottönen oder auch in Grün, ja sogar in Graublau. Das feste Fruchtfleisch schmeckt angenehm mild nach Muskat. Als echter Allrounder eignet er sich für Rohkost, Suppen und viele andere warme Gerichte.

2 **Feigenblatt-Kürbis**

Sein Fruchtfleisch ist von angenehm süßem Geschmack. Er ist wüchsig und gedeiht auch bei kühlem Wetter und in regenreichen Gebieten sehr gut. Aus ihm lässt sich eine köstliche Konfitüre herstellen. Den Namen hat der Feigenblatt-Kürbis übrigens wegen seiner charakteristischen Blattform.

3 **Öl-Kürbis**

Aus seinen Kernen wird in Österreich und Norditalien das kalt gepresste, gesunde Kürbiskernöl gewonnen. Kerne sind in den Früchten reichlich vorhanden, sie lassen sich roh knabbern, aber auch rösten und beim Brotbacken verwenden. Die Früchte selbst sind groß und schwer und mit ihrer grün-gelb gestreiften Schale sehr attraktiv.

4 **Eichel-Kürbis**

Dieser grünschalige Typ ist in England unter dem Namen Acorn sehr beliebt und wird häufig angebaut. Bei uns ist er eher selten anzutreffen. Dabei ist er unkompliziert, verträgt kühles Wetter, wächst rasch und seine Früchte sind früh reif. Er schmeckt auch roh geraspelt ganz hervorragend.

5 **Riesen-Kürbis**

Er ist der klassische Einmach-Kürbis, der im Herbst zu mächtigen Früchten heranreift. Am Kompostplatz ist sein idealer Standort. Es gibt verschiedene Sorten, bekannt sind 'Atlantic Giant' oder 'Gelber Zentner' mit orangefarbenem oder gelbem Fruchtfleisch. Im kühlen Keller können Sie die bis zu 100 kg schweren Früchte auch gut lagern.

6 **Butternuss-Kürbis**

Er hat eine helle, glatte Schale und festes, kräftig orangefarbenes Fruchtfleisch mit einem süßen, erdnussartigen Aroma. Die Samen sitzen dicht zusammen in einem kleinen Hohlraum in der Mitte. Von der Form her ist er länglich, manchmal auch glockenförmig.

Raffiniertes aus dem Einweckglas

Zur Erntezeit wird immer so viel auf einmal reif, dass
man gar nicht so schnell essen kann, wie es nachwächst.
Früher war es üblich, Obst und Gemüse einzukochen.
Bestimmt kennen Sie auch noch die zarten, nach Zimt
duftenden Birnenhälften im Glas? Auch aus Gemüse
können Sie echte Köstlichkeiten im Glas zaubern.

Zucchini-Chutney

ZUTATEN:

- › 2 kg Zucchini
- › Salz
- › 500 ml milden Weinessig
- › 500 g Zucker
- › 2 EL Senf
- › 1 EL weißen Pfeffer
- › 2 EL Currypulver
- › 1 EL edelsüßes Paprikapulver
- › jeweils 1 rote, gelbe und grüne Paprika
- › 500 g Zwiebeln
- › 2 Tomaten
- › 2 EL Mehl

SO WIRD'S GEMACHT:
Die Zucchini waschen, in kleine Stückchen schneiden und
in eine Schüssel geben. Alles großzügig einsalzen und über
Nacht durchziehen lassen. Am nächsten Tag die Zucchini-
stückchen in einem Sieb gut ausdrücken, damit die Flüssigkeit herausläuft. Essig, Zucker und Gewürze in einem großen
Topf aufkochen. Paprikaschoten in kleine Würfel und die
Zwiebeln in Ringe schneiden, die Tomaten werden enthäutet
und ebenfalls klein geschnitten. Das Gemüse zum Sud geben
und alles langsam zum Kochen bringen. Wenn das Gemüse
weich ist, das Mehl mit etwas Wasser glattrühren und unter
das Gemüse mischen. Unter ständigem Rühren alles noch
einmal kurz aufkochen lassen und sofort in Schraubgläser
füllen. Das Chutney lässt sich einige Wochen kühl und dunkel
lagern.

Tomatensugo

ZUTATEN:

- › 3 kg Tomaten
- › 125 ml Olivenöl
- › 300 g Zwiebeln
- › 5 Knoblauchzehen
- › Salz
- › Pfeffer
- › Zucker
- › 1 Bund Petersilie
- › je 1 Handvoll frisches Basilikum und Oregano

SO WIRD'S GEMACHT:
Die Tomaten waschen, kreuzförmig einritzen und blanchie-
ren. Anschließend die Haut abziehen und in kleine Würfel
schneiden. Die Zwiebeln im Öl goldgelb anbraten, dann die
Tomaten und den klein geschnittenen Knoblauch dazugeben.
Alles auf ein Drittel der Menge einkochen lassen und mit Salz,
Pfeffer und Zucker pikant abschmecken. Erst zum Schluss
geben Sie die klein gehackten Kräuter hinzu und füllen alles
noch heiß in Schraubgläser.

Kräuterbeete fürs Kochvergnügen

Kräuter sind im Garten ganz und gar unentbehrlich, denn wer kommt in der Küche schon mit Pfeffer und Salz aus? Um immer genügend frische Kräuter parat zu haben, legen Sie sich doch ein Beet nur für Kräuter an – zum Beispiel neben der Terrasse.

Ein paar Kräuter finden immer ihren Platz

Während man sich früher mit ganz wenigen Gewürzen begnügte, sind die Ansprüche inzwischen gestiegen. Und warum auch nicht? Die Fülle an Kräutern lädt einfach zum Experimentieren ein. Heute kombiniert man Sauerampfer, Pimpinelle, Schnitt-Knoblauch oder Zitronenmelisse aus dem eigenen Garten mit Gemüse oder Obst zu ungewöhnlichen, überraschenden Gerichten.

In gehobenen Restaurants können Sie Kräuter-Knoblauch-Reis mit Zitronen-Thymiansoße oder Johannisbeerquark mit Minze und Melisse genießen. Warum nicht auch zu Hause? Frische Küchenkräuter sorgen aber nicht nur für einen abwechslungsreichen und dabei gesunden Speiseplan, sie können uns ebenso pflegen, beleben, entspannen oder für körperliches Wohlbehagen sorgen.
Kräuter selbst anbauen gelingt leicht, Sie haben verschiedenste Möglichkeiten: Angefangen beim einfachen Topf auf der Fensterbank, über den Balkonkasten und das kleine Kräuterbeet an der Terrasse, bis hin zum aufwendig gestalteten Kräutergarten nach dem Vorbild alter Klosteranlagen. Wie viel Platz Sie für Ihre Kräuter benötigen, hängt ganz davon ab, wie häufig Sie sie in der Küche und auch sonst verwenden wollen. Wenn Sie nur gelegentlich ein Gericht mit selbst geernteter Petersilie oder etwas Oregano aufpeppen wollen, genügen Ihnen ein paar Kübel auf dem Balkon oder der Terrasse. Wenn die Terrasse groß genug ist, können Sie das Kräuterbeet auch dort integrieren, indem Sie einige Platten herausnehmen und polsterförmig wachsende Kräuter wie Thymian und Berg-Bohnenkraut hineinsetzen. Diese trockenheitsverträglichen Kräuter fühlen sich zwischen den Steinplatten, die reichlich Wärme abstrahlen, sehr wohl. Wählen Sie als Platz am besten einen Randbereich auf der Terrasse, damit Ihnen das Beet nicht im Weg ist. Aber auch, wenn auf der Terrasse kein Platz für Küchenkräuter ist, haben Sie vielleicht eine Mauer, auf der sonnen- und wärmeliebende Mittelmeerkräuter ihren Platz finden können.
Wenn Sie aber täglich mit frischen Kräutern aus dem Garten kochen, selbst hergestellten Tee genießen möchten oder mit einer eigenen Kräuterapotheke liebäugeln, dann sollten Sie doch etwas mehr Platz im Garten reservieren. Eine Kräuterspirale bietet verschiedenen Pflanzen optimale Bedingungen, benötigt aber schon etwas mehr Platz. Etwa 3 m² sollten Sie mindestens einplanen. Wichtig ist eine Nord-Süd-Ausrichtung der Spirale, denn nur so können sich die unterschiedlichen Mikroklimazonen entwickeln. Schattenverträgliche Arten wie Kerbel, Maggikraut (Liebstöckel), Pfefferminze und Petersilie fühlen sich auf der nördlichen Seite sehr wohl. Die wärmeliebenden mediterranen Kräuter wie Majoran, Oregano, Rosmarin und Thymian gedeihen dagegen am besten im südlichen, oberen und trockenen Bereich.

Der perfekte Standort

Egal, ob Ihre Kräuter im Topf, im Balkonkasten oder im Beet wachsen, die meisten benötigen einen direkten Platz an der Sonne. Denn erst durch die Sonne entfalten sich die in den Blättern befindlichen ätherischen Öle. Sie alle lieben einen eher trockenen Boden und sind empfindlich gegenüber zu viel Feuchtigkeit und vor allem gegenüber Staunässe. Auf einer Trockenmauer ist es nicht nur besonders warm im Sommer, sondern hier ist auch ein guter Wasserabzug im Winter garantiert.
Basilikum, Rosmarin oder Ysop gedeihen am besten in einem großen Topf oder Kübel, denn sie sollten frostfrei überwintern. Würden sie sommers im Beet und im Winter im Kübel stehen, müssten Sie sie zweimal im Jahr umpflanzen. Das macht Arbeit, klappt aber gut. Eine andere Möglichkeit wäre, die Pflanzen mitsamt Topf im Beet einzugraben, wo sie den Sommer über mit ihren winterharten Kollegen harmonieren und sich im Herbst dann ins Winterquartier verabschieden.

Mediterraner Kräuterzauber

Der Duft aromatischer Kräuter aus dem Mittelmeerraum ver-
zaubert uns immer wieder, er entführt uns in ferne Länder.
Der Geschmack der Kräuter erinnert an laue Abende unter
dem südlichen Sternenhimmel, an ausgiebige Tafelfreuden
mit alten Freunden und neuen Bekannten.

Aromen verwöhnen Magen und Seele

Was wäre das italienische Duo Tomate und Mozzarella ohne den Geschmack von frischen Basilikumblättern? Wie fade käme uns eine französische Rata-touille daher ohne die Würze von Rosmarin oder Thymian? Die klassische mediterrane Küche lebt vom Aroma landestypischer Kräuter. Seit Genera-tionen verwandeln Italiener, Franzosen und Spanier mit Berg-Bohnenkraut, Estragon, Oregano, Salbei und Basilikum einfache Gerichte in wahre Gaumen-freuden.

Es ist unglaublich, wie viele Sorten von Mittelmeerkräutern uns verwöhnen, und jede hat ihr eigenes Aussehen und ihr eigenes Aroma. Wussten Sie, dass es allein fast 50 Basilikumsorten gibt? Der Klassiker darunter ist sicher das schnellwüchsige einjährige Basilikum 'Genoveser'. Die meisten von uns verwenden wohl vor allem die großblättrigen Sorten, die man auch fertig gezogen in Töpfen im Lebensmittelgeschäft kaufen kann. Viel aromatischer sind aber die zahlreichen kleinblättrigen Kandidaten. Manche von ihnen sind mehrjährig und können an einem geschützten Platz auch unsere hiesigen Winter überstehen. Probieren Sie einmal die verschiedenen Sorten, von denen einige süß, andere sogar ein wenig scharf schmecken. Die süßen Varianten wie 'Sweet Lemon' können Sie besonders gut für die Zubereitung von Süß-speisen verwenden. Ein anderes typisches Südländer-Gewürz ist der echte Salbei, ohne den die berühmte Saltimbocca nur ein profanes Kalbsschnitzel mit einer Scheibe Schinken wäre. Salbei hat ein ganz eigenes Aroma, ein wenig bitter, ein wenig scharf. Genau so ist auch sein Geruch, der für man-chen vielleicht ein wenig gewöhnungsbedürftig ist und einen zunächst an Halsbonbons erinnert. Aber auch das kommt nicht von ungefähr, Salbei hilft bei kratzigem Hals und Heiserkeit.

Basilikum-Zitronen-Sirup

ZUTATEN FÜR 1 LITER:

› 1 l Weißwein, am besten Riesling
› 1 kg Zucker
› ½ l Zitronensaft
› 2 Bund Basilikum

SO WIRD'S GEMACHT:
Den Weißwein mit dem Zucker aufkochen und kurz abkühlen lassen. Zitronensaft und Basilikum hinzugeben und über Nacht darin baden lassen. Am nächsten Tag das Basilikum herausfischen und den Sirup in Flaschen füllen.

Wenn man ihn nicht ständig aberntet, bildet Basilikum zarte Blütenquirle.

Salbei ist unentbehrlich in der mediterranen Küche – und bei Halsschmerzen.

Erntefreuden

Aus dem eigenen Garten schmecken Kräuter einfach viel besser, und jeder Gang in den Garten oder zu den Töpfchen wird schon beim Ernten zu einem sinnlichen Erlebnis. Das regelmäßige Ernten tut aber auch den Kräutern selber gut. Durch regelmäßiges Abschneiden der Triebe wird ihr Wuchs angeregt und eine frühe Blüte verhindert, die auf Kosten von Geschmack und Aroma gehen würde.

So ernten Sie: Die Blätter und jungen Triebe von Basilikum, Berg-Bohnenkraut, Oregano, Salbei und Thymian können Sie die ganze Saison über von Mai bis Oktober ernten. Wenn sie die Zweige trocknen wollen, schneiden Sie sie am besten kurz bevor die Blüte einsetzt. Vom Rosmarin lassen sich Blätter und Triebe das ganze Jahr über ernten. Das ist auch gut so, denn seine Blätter eignen sich zwar zum Trocknen, sind dann aber eher als Badezusatz oder für Potpourris zu verwenden. Zum Essen sind sie nicht mehr so gut geeignet, denn getrocknet schmecken sie viel weniger aromatisch als sie riechen.

Achten Sie beim Ernten darauf, die Triebe nicht allzu stark und vor allem keinesfalls bis in die verholzten Teile zurückzuschneiden, da sie sonst nicht mehr gut austreiben.

Ganz schön mobil: Kräuter in Gefäßen

Im Erdbeertopf gedeihen Kräuter ganz hervorragend, optisch verleiht er dem Topfensemble einen Hauch von Süden.

Das Angebot an schönen Töpfen und Kübeln ist in den letzten Jahren immer größer geworden. Die Auswahl reicht dabei von schlichten und vergleichsweise günstigen Tontöpfen bis hin zu sehr teuren handgearbeiteten und frostfesten Terrakotta-schönheiten.

Schöne Töpfe für grüne Fitmacher

Eigentlich gehören zu mediterranen Kräutern auch mediterrane Gefäße aus Ton oder Terrakotta. Zusammen verströmen sie das unnachahmliche Flair, das uns gedanklich sofort in unseren letzten Urlaub in Italien versetzt. Sehr viel preisgünstiger und vor allem auch leichter sind Gefäße aus Kunststoff, wobei es heute zahlreiche Modelle gibt, die sehr edel aussehen und so gar nichts mehr von den billigen Spritzgussexemplaren haben.

Auch Verbundstoffe aus Kunststoff und Steinmaterialien können sehr attraktiv aussehen und sind dabei absolut wetterfest. Vorteil solcher Töpfe ist, dass sie leichter sind als beispielsweise Steintröge.

Wunderschön sind spezielle Kräutertöpfe, besonders für verschiedene polsterförmig wachsende Würzpflanzen. Bei diesen Gefäßen sind die Seitenwände zu kleinen Pflanztaschen ausgeformt, in die Sie die einzelnen Kräuter einsetzen können. Die Gefäße selber sind bauchig und bieten den Wurzeln im Inneren viel Platz. Außerdem trocknet hier die Erde sehr viel langsamer aus als in kleinen Töpfen, gleichzeitig ist aber ein guter Wasserabzug möglich. Denn nasse Füße ist das Einzige, was vielen Kräuterpflanzen wirklich nicht behagt.

Blumenkästen für Selbermacher

Für viele Kräuter ist ein länglicher Blumenkasten, der auch für die klassischen Balkonblumen verwendet wird, eine gute Wahl. Solch ein Kasten lässt sich wunderbar auf das Küchenfensterbrett stellen, sodass sie einfach nur ihr Fenster öffnen müssen, um die passenden Kräuter für Ihre nächste Mahlzeit zu ernten. Auch hier gibt es wieder die verschiedensten Ausführungen: preiswerte Kunststoffkästen, edle Varianten aus Ton, die aber ziemlich schwer sind, und teure Designerkästen.

Wenn Ihnen ein einfacher Kunststoffkasten nicht gefällt, er aber genau an die vorgesehene Stelle passt, könnten sie ihm ganz einfach ein neues Kleid verpassen. Bauen Sie ihm doch eine schicke Verkleidung aus Holz, die Sie ganz nach Ihren Vorstellungen farbig lackieren oder lasieren. Dafür benötigen Sie lediglich vier Bretter, die 1–2 cm höher und breiter sind als die jeweiligen Seiten des Blumenkastens, acht Winkeleisen und 16 Schrauben. Mit den Winkeln verbinden Sie die Bretter zu einem Rahmen. Eventuell fügen Sie einen Boden aus Holz ein, den sie ebenfalls an den Seitenteilen mit Winkeln verschrauben. In diesem Falle müssten sie den Boden noch mit zwei bis drei Abzugslöchern versehen. Ein Boden ist aber kein Muss. Sie können den Rahmen einfach über den Kunststoffkasten stülpen und schon sieht es so aus, als würden die Kräuter in einem schicken Holzkasten wachsen. In welcher Farbe sie Ihr Werk streichen, ob sie ihn bemalen oder noch zusätzlich mit Dekoelementen bekleben, können Sie ganz nach Ihrem persönlichen Geschmack entscheiden. Unbehandelt würde ich das Holz allerdings nicht lassen, da es sonst schnell verwittert. Falls Sie es eher pur mögen, können Sie ihn lasieren, ölen oder farblos lackieren.

Eine andere Möglichkeit ist das Zweckentfremden von Obststeigen aus Sperrholz, die Sie im Lebensmittelgeschäft oder auf dem Markt bekommen können. Wenn Sie diese mit einer nur leicht deckenden Lasur streichen, bei der die Holzmaserung noch gut sichtbar ist, erhalten Sie Pflanzgefäße im rustikalen Shabby-Chic.

Doch damit sind die Möglichkeiten noch lange nicht ausgeschöpft. Im Grunde lassen sich alle Gefäße zu Pflanztöpfen umfunktionieren. Vielleicht haben Sie ja noch Tee- oder Keksdosen herumstehen. Oft sind sie so schön, dass man sie nicht wegwerfen mag, wenn sie leer sind. Sie lassen sich sehr schön als Übertöpfe verwenden. Sie können Ihre Kräuter auch direkt dort hineinpflanzen, wenn sie den Dosen vorher Abzugslöcher verpassen, damit überschüssiges Gießwasser schnell ablaufen kann.

Auf der Terrasse wirken selbst gebaute große Kästen mit verschiedenen Gewürzpflanzen ruhiger als viele kleine Kräutertöpfe.

Schöne Pflanzenschilder

Gestatten, mein Name ist Zitronen-Thymian. Gut, wenn Sie in ihrem Kräutergärtlein immer wissen, von welcher Pflanze Sie gerade einen Zweig abschneiden. Damit auch wirklich das richtige Kraut in die Küche wandert. Pflanzenschilder helfen – und die schönsten können Sie ganz einfach selber machen.

Oben:
Bemalte oder emaillierte Blechschilder sind lange haltbar.

Schauen Sie sich um in ihrem Garten, dort finden Sie eine Fülle an Materialien, mit denen Sie außergewöhnliche und schicke Pflanzenschilder selber basteln können. Es gibt zwar auch im Handel Schilder jenseits der Plastiketiketten, die bereits beim Kauf in den Töpfchen stecken. Emaillierte Schilder sehen sehr schön und edel aus, sind aber nicht gerade preiswert. Und wenn Sie etwas außergewöhnlichere Heil- und Würzkräuter in ihrem Garten pflegen, ist es auch gar nicht so einfach, Schilder mit den passenden Namen zu finden.

Eine wirklich einfache Möglichkeit, Pflanzenschilder auf ganz individuelle Art herzustellen, ist das Beschriften von schönen Steinen, Muscheln, Scherben oder was Ihnen sonst in die Finger gerät bei ihrem Streifzug durch Haus und Garten. Es gibt ja Leute, die aus jedem Urlaub und von jedem Ausflug einige schöne und ungewöhnliche Kieselsteine als Andenken mitbringen. Meist landen diese dann doch irgendwann in einer Kiste. Mit farbigem Lack und einem dünnen Pinsel ist es ganz einfach, sie zu beschriften. Noch schneller geht es mit einem Lackstift.

Genauso gut können Sie auch größere flache Muscheln verwenden, die sie am Strand gesammelt haben oder die nach einem Muschelessen übrig geblieben sind. Größere Muscheln lassen sich genauso wie flache Steine ins Beet legen, kleine längliche, wie zum Beispiel Miesmuschelschalen, durchbohren Sie an einer Ecke ganz vorsichtig und fädeln einen Draht hindurch. Diesen Draht befestigen Sie wiederum an einem Stab, den sie dann ins Beet stecken. Heringe (die kleinen für Kinderzelte und Strandmuscheln) eignen sich übrigens sehr gut dafür, sie sind für kleines Geld in Geschäften für Outdoorbedarf erhältlich.

Kleine Pflanztöpfe aus Ton lassen sich ebenfalls bemalen und beschriften, sie werden einfach umgedreht ins Beet gestellt. Und sogar Tonscherben brauchen Sie nicht wegzuwerfen, wenn einmal ein Blumentopf zu Bruch gegangen ist. Manche sind von der Form und Größe genau passend, um den Namen der Pflanze zu präsentieren. Notfalls machen Sie sie mit einem kräftigen Schlag passend. Falls einige Scherben an den Bruchstellen zu scharfkantig sind, schmirgeln Sie die Kanten einfach mit einem Blatt Sandpapier etwas runder.

Wenn Sie etwas mehr Zeit und Muße haben, können Sie ganz edle Pflanzenschilder auch aus dünnem biegsamen Kupferblech, welches es in Rollen in Bastel- und Hobbygeschäften zu kaufen gibt, selber ausschneiden und beschriften. In diesem Fall nehmen Sie keinen Lackstift, sondern am besten eine dünne Stricknadel. Legen Sie das ausgeschnittene Schildchen auf einen weichen Untergrund, zum Beispiel ein Handtuch, und drücken Sie mit der Stricknadel die Buchstaben in das Blech hinein. Diese Schilder sind übrigens sehr haltbar, denn da Sie keine Farbe benutzt haben, kann nichts verbleichen oder abblättern. Diese Schilder sind auch ein tolles Geschenk.

Links:
Halten Sie beim Spazierengehen Ausschau nach schönen Kieseln.

Rechts oben:
Mini-Tontöpfe sind mit Lackstiften blitzschnell beschriftet.

Rechts unten:
Ganz originell und einfach selbst gemacht: Pflanzenwegweiser aus Wäscheklammern und Schaschlikspießen.

Kräuteraromen bewahren

Im Sommer brauchen Sie nur in den Garten oder auf die Terrasse gehen, wenn Sie frische Kräuter für die Küche benötigen. Doch auch zu anderen Zeiten möchten Sie die Aromen aus eigener Ernte sicher nicht missen. Fangen Sie sie einfach ein und trocknen Sie Ihre Lieblingskräuter.

Es ist Erntezeit

Kräuter, die ätherische Öle enthalten, also beispielsweise Thymian, Majoran oder Oregano, haben ihr intensivstes Aroma, bevor sie zu blühen beginnen. Die meisten ätherischen Öle sind in den Pflanzen enthalten, wenn sie der Sonne ausgesetzt sind, denn die Öle haben eigentlich die Aufgabe, die Pflanze vor eben jener starken Sonneneinstrahlung zu schützen. Für die Ernte ist es auf jeden Fall wichtig, dass die Pflanzen trocken sind, nur so bleibt das Aroma enthalten. Also ist eine Ernte frühmorgens, wenn der Tau noch auf den Blättern liegt, oder nach einem Regen ungünstig. Am besten schneiden Sie die Kräuter, die Sie trocknen möchten, um die Mittagszeit.

Kräuter trocknen

Da feuchte Kräuter wie gesagt das Aroma verlieren, sollten Sie die Kräuter vor dem Trocknen auch nicht waschen. Losen Schmutz und Staub schütteln Sie einfach kurz aus, danach binden Sie jeweils einige Stängel zu lockeren Sträußen und hängen sie kopfüber auf. Am besten ist dazu natürlich ein luftiger Dachboden geeignet, aber auch ein Dachüberstand oder das Gartenhäuschen sind gute Orte zum Trocknen. Das A und O ist eine möglichst niedrige Luftfeuchtigkeit, daher ist ein luftiger Ort wichtiger als hohe Temperaturen. Auch in der prallen Sonne sollten Kräuter eher nicht getrocknet werden, weil sie viel zu schnell durchtrocknen und dabei große Teile ihres Aromas verlieren würden. Dass die Kräuter trocken genug sind, erkennen Sie daran, dass sie beim Berühren knistern und rascheln. Nun können Sie die Blätter abstreifen und in kleine Gläser mit Schraubverschlüssen füllen. Wenn Sie ganze Blütenstängel aufbewahren wollen, eignen sich dafür entsprechend größere Gläser.

FEINES FÜR DIE KÜCHE: ROSMARINSALZ

Mischen Sie getrocknete und gehackte Rosmarinzweige im Verhältnis 1:10 mit grobem Salz und geben Sie alles in eine Salzmühle. Beim Mahlen entfaltet sich jedes Mal aufs Neue der unnachahmliche Duft. Das Rosmarinsalz lässt sich besonders gut für Fleischgerichte aus der Pfanne verwenden.

Kräuter trocknen kopfüber an
der Leine. So bleibt ihr Duft
erhalten und schön sieht es
obendrein aus.

Aroma aus dem Eis

Manche Kräuter, wie beispielsweise Petersilie oder Maggikraut, verlieren beim
Trocknen leider sehr viel von ihrem Aroma und schmecken danach eher fad.
Für sie ist eine andere Art der Konservierung besser geeignet: das Einfrieren.
Dazu zupfen sie die Blättchen von den Stängeln und rupfen Sie danach ein
wenig auseinander. Füllen Sie sie entweder locker in ganz kleine Gefrierbeutel oder verwenden Sie Eiswürfelbehälter, in deren Fächer Sie die zerklei-
nerten Kräuter hineindrücken. Nach dem Einfrieren lassen sich diese wirklich
leicht in Gefrierbeutel umfüllen und später ganz einfach einzeln entnehmen.
Eiswürfel mit blumiger Note können Sie übrigens auf ganz ähnliche Weise
herstellen. Geben Sie dazu etwas Wasser in die Fächer eines Eiswürfelbe-
hälters und legen sie jeweils eine Blüte von Borretsch, Kapuzinerkresse oder
anderen essbaren Pflanzen hinein. So lässt sich sogar einfaches Mineralwasser
aufpeppen – einfach ein paar Blüteneiswürfel hineingeben und fertig ist die
Überraschung.

Wie in der Provence: Lavendel

Kaum eine Pflanze vereint so viele gute Eigenschaften in sich wie der Lavendel. Er ist pflegeleicht, übersteht problemlos auch längere Durststrecken und er blüht in einem fantastischen Violett. Aber nichts lieben wir an ihm so, wie seinen traumhaften Duft!

So fangen Sie den Duft ein

Kräutersäckchen bringen die köstlichen Aromen des Sommers in die Wohnung.

Um das charakteristische herb-frische Aroma des Lavendels genießen zu können, pflanzen Sie ihn unbedingt in die Nähe eines Sitzplatzes, an die Terrasse oder einfach an Orte, an denen Sie häufig vorbeikommen. Auf diese Weise haben Sie seinen Duft immer um sich. Dabei wächst er nicht nur im Beet, sondern gedeiht auch sehr gut in Kästen, Töpfen und Kübeln. So kann er auf der Fensterbank stehen und seinen würzigen Duft auch ins Hausinnere schicken.

Lavendel lässt sich sehr gut trocknen und auf diese Weise können Sie sein Aroma ganz leicht einfangen. Dabei ist es nicht wichtig, ob sie Blüten oder Blätter verwenden, alles entsendet bei Berührung eine wohltuende Wolke aus kühl-würzigen Aromen. Das Trocknen ist einfach: Wie andere Kräuter auch, schneiden Sie den Lavendel am besten an einem warmen sonnigen Tag um die Mittagszeit und hängen ihn kopfüber an einem luftigen Ort zum Trocknen auf (siehe auch Seite 126). Die abgestreiften Blättchen und Blüten können Sie anschließend für würzige Duftpotpourris mit anderen Kräutern und Gewürzen wie Rosmarin und Zitronen-Thymian verwenden oder aber auch solo, wenn Sie Wert auf den unverfälschten Lavendelduft legen.

Eben weil sein Aroma Frische, Sauberkeit und ein ausgelassenes Sommergefühl vermittelt, haben wir ihn so gerne im Haus. Seit jeher wurden Lavendelblätter in kleine Baumwoll- oder Leinensäckchen gefüllt und in Kommoden und Schränken zwischen die Wäsche gelegt. Wenn Sie morgens den Schrank öffnen, um ihre Kleidung für den Tag auszuwählen, werden Sie von seinem kräftigen Duft begrüßt. So beginnt der Tag doch gleich viel besser. Lavendel wird auch nachgesagt, dass er hilft, Kleidermotten zu vertreiben. Vielleicht sollten Sie sich nicht hundertprozentig darauf verlassen und ihre kostbaren Seidenblusen und Kaschmirpullover in Kleidersäcke verpacken. Wenn Sie dort aber noch ein Lavendelsäckchen mit hineingeben, kann es sicher nicht schaden. Auf alle Fälle riecht die Kleidung auch nach längerem Lagern dann frisch und angenehm. Statt Lavendel können Sie übrigens auch gut getrocknete Rosmarinzweige aus dem Garten nehmen.

In Stoffen und Düften schwelgen

Duftsäckchen können Sie natürlich fertig kaufen, besonders individuelle haben Sie aber, wenn Sie sie selber nähen. Das ist auch überhaupt nicht schwierig, eigentlich müssen Sie nur gerade Nähte hinbekommen. Und selbst wenn Sie keine Nähmaschine haben: Die kleinen Säckchen lassen sich auch rasch von Hand nähen. Es eignen sich alle dünnen und leichten Stoffe, zum Beispiel Baumwollbatist, dünnes Leinen, aber auch feinfädiger, relativ dichter Gardinenstoff. Bestimmt haben Sie irgendwo noch ein paar Reste von älteren Näharbeiten. Oder Sie besitzen hübsch gemusterte Blusen oder Kleider, die Sie nicht mehr tragen, aber bisher noch nicht wegwerfen mochten. Üblicherweise werden solche Säckchen in einer Größe von etwa 10 × 15 cm genäht. Sie benötigen also einen Stoffrest in der doppelten Größe, den sie einmal mittig falten, sodass die rechten Seiten aufeinander liegen. Steppen Sie die Seiten, die Oberseite bleibt erst noch offen. Nun geben sie die Lavendelblätter in das Säckchen und nähen die Öffnung zu. Mit einem Band lassen sich die Lavendelsäckchen sehr gut an Kleiderbügel hängen, ansonsten können Sie sie zwischen die Wäschestücke legen.

Was wären die Parfümeure ohne die blühenden Lavendelfelder in der Provence? Träumen auch Sie sich ins sommerliche Frankreich.

Lavendel in der Küche? Na klar!

Die kulinarische Seite des Lavendels ist hierzulande noch relativ unbekannt, dabei lässt er sich hervorragend in der Küche verwenden. Haben Sie schon einmal Lammbraten mit Lavendelzweigen statt Rosmarin probiert? Es schmeckt! Und Zucker erhält schon durch ein paar Blüten, die Sie zum Aromatisieren mit in die Zuckerdose geben, einen ganz besonderen Geschmack.

Lavendelträume verschenken

Lavendel bezaubert uns mit seinem Duft so sehr, dass wir ihn am liebsten in allen Variationen um uns haben möchten. Hier finden Sie einige Ideen, was Sie aus Lavendel alles machen können. Besonderes handwerkliches Geschick ist dafür gar nicht nötig.

Lavendelgarbe

ZUTATEN FÜR EINE GARBE:

› 30 frisch geerntete Lavendel- blüten mit langem Stängel
› 2 m Band, Breite etwa 1 cm

SO WIRD'S GEMACHT:

Ernten Sie Lavendel erst an dem Tag, an dem Sie die Garbe basteln wollen, damit die Stängel noch ein wenig elastisch sind und nicht so leicht brechen. Zuerst die Lavendelstängel unterhalb der Blüten mit dem Band zu einem Strauß zusammenbinden und gut verknoten. Dann alle Stängel über die Blüten knicken und gleichmäßig ringsherum verteilen.

Flechten Sie anschließend das Band unter zwei Stängeln hindurch, danach über die nächsten zwei, unter die nächsten zwei wieder hindurch und immer so weiter. Wichtig ist, dass Sie wirklich mit 30 Stängeln arbeiten, nur so werden in der zweiten Reihe unter- und überflochtene Stängel vertauscht und es entsteht ein gleichmäßiges Flechtmuster. Auf diese Weise bis zum Ende weiterflechten, das Band abschließend mit einem Knoten fixieren.

Lavendelblütenseife

ZUTATEN:

› 50 g geraspelte Seifenflocken (aus dem Bastelladen oder der Apotheke)
› 5 EL warmes Wasser
› 1 TL Olivenöl
› 1 Handvoll getrocknete Lavendelblüten
› 3 Tropfen ätherisches Lavendelöl

SO WIRD'S GEMACHT:

Das Wasser und das Olivenöl auf die Seifenflocken geben und alles gut vermischen, bis eine konsistente Masse entstanden ist. Dann die Blüten und das Lavendelöl hinzufügen und die Seife nach Belieben formen und trocknen lassen.

Minzen erfrischen Nase und Gaumen

Bereits seit der Römerzeit wird die Minze in unseren Gärten angebaut, und solange ist auch ihre heilende und gesundheitsfördernde Wirkung bekannt. Obwohl, eigentlich kann man gar nicht von der Minze sprechen, denn es gibt sie in unzähligen Arten mit ganz eigenen Aromen.

Die Blätter haben es in sich: Hier steckt das unwiderstehliche Aroma der Schokoladen-Minze

Immer wieder anders

Die Minze gehört zur Familie der Lippenblütler wie viele andere der aromatischen Kräuter auch. Neben den Wildsorten existieren zahlreiche Züchtungen. Die verschiedenen Minzarten kreuzen sich sogar in der Natur sehr häufig untereinander. Minzen blühen von Juli bis Oktober. Aber wie sehen sie genau aus? Haben Sie schon einmal genauer hingeschaut? Die Minzstängel sind vierkantig, die meist behaarten Blätter sind länglich oder herzförmig, der Blattrand oft gezähnt oder gesägt. Die weißen oder rosa Blüten sitzen in Quirlen an den Stängeln. Auf alle Fälle erkennen Sie Minzen an ihrem typischen Grundaroma, dem sich je nach Art oder Sorte noch ein weiterer Duft hinzugesellt (siehe auch Seiten 60 und 62).

Die verschiedenen Minzen begegnen uns in Kosmetikprodukten, Tees und Naturarzneien, in Kaugummis, Hustenbonbons, Cocktails und natürlich auch in Süßigkeiten und anderen Speisen.

Besonders beliebt sind die Frucht-Minzen wie Orangen- und Zitronen-Minze sowie die Schokoladen-Minze. Diese drei sind die erste Wahl für Süßspeisen und trendige Mixgetränke. Es gibt übrigens auch eine wilde Frucht-Minze, die Apfel-Minze (*Mentha suaveolens*).

Sehr frisch minzig schmeckt die Grüne Minze, bekannt auch unter dem Namen Spearmint (*Mentha spicata*). Sie ist Hauptbestandteil der berühmten englischen Minzsoße, über die viele Kontinentaleuropäer die Nase rümpfen, obwohl sie sie noch nie probiert haben. Kochen Sie sie einmal nach meinem Rezept und lassen Sie sich von ihrem frischen Aroma überraschen. Sie ist der Klassiker zu allen Lammgerichten.

ZUTATEN FÜR 4 PERSONEN:

› 200 g Minze, am besten die echte Spearmint (*Mentha spicata*)
› 1/8 l Wasser
› 6 EL Zucker
› 1/8 l milden Weinessig
› Salz

Mein Rezept: Englische Minzsoße

SO WIRD'S GEMACHT:

Die Minze gründlich waschen, die Blätter von den Stängeln zupfen und in kleine Streifen schneiden. Das Wasser mit dem Zucker so lange kochen, bis der Zucker vollkommen aufgelöst ist. Die Hälfte der Minze im Weinessig aufkochen, dann alles durch ein Sieb abgießen. Die heiße Zuckerlösung in die Minze-Essig-Mischung geben. Die restlichen Minzblätter in die klare grüne Soße geben, mit Salz abschmecken.

Minzen, wie hier die Ross-Minze, gehören zu den Lippenblütlern. Insekten fliegen auf ihre Blütenkerzen.

Sie tut nicht nur der Nase gut

Die bereits seit dem 18. Jahrhundert kultivierte Pfefferminze (*Mentha × piperita*) ist eine Hybride aus den Wildarten Wasser-Minze und Ähren-Minze. Sie wird vor allem als Tee getrunken. Der an ätherischen Ölen reiche Pfefferminztee besitzt eine krampflösende Wirkung bei Magen- und Darmbeschwerden und wirkt lindernd bei Hals- und Rachenschmerzen. Für Tees können Sie die Blätter übrigens auch ganz einfach selbst trocknen (siehe Seite 126).

Das in der Minze enthaltene Menthol regt die Durchblutung der Schleimhäute an, wirkt schleimlösend und desinfizierend. Besonders wirksam bei Erkältungskrankheiten, aber auch bei Kopfschmerzen, ist das Inhalieren von Minzöl, für das vor allem die Japanische Minze verwendet wird. Minzöl gibt es in der Apotheke. Frucht-Minzen besitzen übrigens einen eher niedrigen Mentholgehalt, der Tee aus ihren Blättern schmeckt daher nicht so minzig und ist auch bei Kindern beliebt.

Eine Pflanze in Wanderlaune

Minzen sind sehr genügsam. Sie gedeihen sowohl in leichten sandigen als auch in reichhaltigen, aber lockeren Gartenböden. Einige Spezialisten wie Wasser- und Polei-Minze bevorzugen sogar feuchten bis nassen Boden und eignen sich gut für die Pflanzung am Wasserrand. Gern wachsen sie im Halbschatten oder Schatten.

Eine Unart haben aber alle Minzen: Sie wandern gerne und breiten sich ziemlich ungehemmt aus, wenn Sie sie nicht in ihre Schranken weisen. Das liegt an ihrem Wurzelsystem, das aus kräftigen Rhizomen besteht und immer weiter vom ursprünglichen Standort wegzukriechen scheint, wenn sie auf kein Hindernis stoßen. Daher kultivieren Sie Minzen am besten in großen Kübeln. Sie können die Gefäße entweder auf der Terrasse oder dem Balkon aufstellen oder im Beet versenken und auf diese Weise in eine Stauden- oder Kräuterpflanzung integrieren.

Einfach selber machen: Kräuteröle

Salate, Soßen und andere herzhafte Gerichte bekommen durch einen Schuss Kräuteröl ein besonderes Aroma. Beim Braten wird der Kräutergeschmack auch ans Fleisch abgegeben. Experimentieren Sie mit Ihren Lieblingskräutern und -gewürzen.

Mein Grundrezept

Geben Sie frische Kräuter und Gewürze in eine Flasche und füllen Sie hochwertiges, kalt gepresstes Pflanzenöl, wie Oliven- oder Kürbiskernöl, auf. Wichtig ist, dass Sie die Kräuter nach dem Waschen gut abtrocknen, sonst verbindet sich das Öl nicht mit ihnen. Sind die Kräuter und Gewürze etwa 2 Wochen an einem dunklen und kühlen Ort durchgezogen, filtern Sie die Stängel und Blätter wieder heraus. Falls Sie die Kräuter lieber in der Flasche lassen möchten, denn das sieht ja sehr dekorativ aus, füllen Sie einfach jedes Mal so viel neues Öl nach, wie Sie verbraucht haben. Kräuteröle werden immer dunkel und kühl gelagert. Dann halten sie sich mehrere Monate.

Rosmarin-Öl

3–4 Zweige Rosmarin
½ l hochwertiges Olivenöl
Ziehzeit der Kräuter im Öl: 2 Wochen
Für Grillfreunde ist dieses Öl immer ein willkommenes Geschenk. Es lässt sich wunderbar verwenden, um Fleisch vor dem Grillen einzupinseln oder es darin zu marinieren.

Kräutermix-Öl

je 1 Stängel Rosmarin, Thymian, Majoran und Oregano
¾ l neutral schmeckendes Öl, zum Beispiel Soja- oder Sonnenblumenöl
Ziehzeit der Kräuter im Öl: 2 Wochen
Das Öl passt hervorragend zu herzhaften Salaten.

Fenchel-Öl

3–4 Fenchelzweige
1 l hochwertiges Olivenöl
Ziehzeit der Kräuter im Öl: 8–10 Tage
Dies ergibt ein feines Öl für Salate oder Fischgerichte.

Gemeinsam genießen

draußen Feste feiern

In gemütlicher Runde ein Glas Wein genießen, Kaffee
trinken auf der Terrasse, der große Grillabend mit den
Nachbarn – das sind die Erinnerungen, die einen wunder-
baren Sommer im eigenen Garten ausmachen. Und die
schönsten Familienfeste waren doch immer diejenigen,
bei denen man unbeschwert im Freien feiern konnte.

Feiern im Freien

Sommeranfang, Sommerende, Sommersonnenwende oder einfach ein schöner warmer Tag – Anlässe zum Feiern im Freien gibt es genug. Eine Gartenparty ist schnell organisiert, jeder Gast kann einen Salat oder eine Flasche Wein mitbringen.

Tafelfreuden mit der ganzen Familie

Ob mit leichter Hand improvisiert oder sorgfältig geplant – Sitzplätze für das gesellige Zusammensein können sehr unterschiedlich aussehen. Ein ausreichend großer Tisch mit bequemen Stühlen sind beste Voraussetzungen für eine gelungene Gartenparty. Aber wo ist der beste Platz? Günstig ist, wenn er von der Küche aus gut zu erreichen ist, da Sie Geschirr und Ähnliches hintragen werden. Glücklich ist derjenige, der eine großzügige Terrasse oder auch eine Hoffläche direkt am Haus sein Eigen nennt. Aber nicht nur die Lage des Sitzplatzes entscheidet darüber, ob Sie ihn gern und oft nutzen werden. Es ist auch die Art und Weise, wie Sie ihn gestalten, ob er zu Ihnen und Ihrer Familie passt.

Dabei sind es nicht nur die Möbel, die Wohlfühlatmosphäre entstehen lassen. Vielmehr kommt es darauf an, ein individuelles wohnliches Ambiente zu schaffen. Dazu tragen Materialien und Pflanzen bei, aber auch liebevoll gewählte Dekorationen. Und es muss gar nicht aufwendig gestaltet sein. Mit wenigen Handgriffen lässt sich zum Beispiel aus einer ganz normalen Bierzeltgarnitur ein gemütlicher Sitzplatz für gelungene Gartenpartys zaubern. Dazu benötigen Sie lediglich die passenden Accessoires und den richtigen Ort für Tisch und Bänke. Am schönsten ist es natürlich unter Bäumen oder zwischen blühenden Sträuchern. Wenn die Terrasse von schönen Gehölzen begrenzt wird, ist dort genau der richtige Platz. Aber sogar auf dem Rasen, wenn dieser eben und kurz gemäht ist, findet das romantische Ensemble seinen Platz. Mit einer zartfarbenen Tischdecke und vielen weichen Kissen in Pastellfarben werden aus den schlichten Gebrauchsmöbeln romantische Sitzgelegenheiten.

Auch ein paar einfache Klappstühle lassen sich mit Hussen, Schleifen und Bändern in eine edel anmutende Sitzgruppe verwandeln. Hübsche Kissen machen sie bequemer. Vielleicht legen Sie auch einige farblich passende, leichte Decken bereit für den Fall, dass es abends kühler wird. Stimmungsvoll sind Kerzen und Windlichter, die den Sitzplatz in ein weiches Licht tauchen, sobald die Dämmerung einsetzt. Auch kleine Laternen, die Sie in die Zweige der Gehölze hineinhängen, lassen sofort feierliche Stimmung aufkommen. Der passende Blumenschmuck spielt mit den Farben der Accessoires. Romantiker greifen dabei zu Duftendem: Flieder im Frühling, Duft-Rosen im Sommer. Und im Herbst verströmt ein Korb reifer Quitten ein herrliches Aroma.

ENTSPANNT SITZEN OHNE KIPPELN

Wenn Sie Spaß am Umherziehen mit Ihren Möbeln haben, sollten Sie mehrere Flächen im Garten mit Platten oder Klinkern pflastern, mit Kies befestigen oder vielleicht ein Holzdeck aus langlebigen Hölzern bauen. Auf diese Weise bleiben Sie flexibel und können jeden Tag einen neuen Lieblingsplatz auswählen, haben aber immer festen Boden unter den Füßen. Denn während es bei einem kleinen Beistelltischchen nicht so sehr darauf ankommt, ob es ein wenig wackelt, sollten ein intensiv genutzter Esstisch beziehungsweise die Stühle und Sessel rundherum sicher und solide stehen. Kopfstein- und Mosaikpflaster sind als Belag übrigens weniger geeignet, denn ihre Oberflächen sind nie ganz eben.

Am liebevoll gedeckten Tisch sitzt man bei Kerzenlicht gerne bis in den späten Abend hinein.

Die Terrasse – unser liebstes zweites Wohnzimmer

Eine geschützt gelegene Terrasse ist die erste Wahl für einen romantisch dekorierten Tisch mit edler Tischwäsche und eleganten Accessoires. Familienfeiern im kleineren Kreis können Sie hier ebenso feiern wie das sonntägliche Kaffeekränzchen, zu dem dann das gute Geschirr aus dem Schrank geholt wird.

Stimmen Sie alle Accessoires auf der Terrasse farblich aufeinander ab, beispielsweise in sanften Naturtönen: vom Terrassenboden aus Naturstein über die Möbel aus Teak mit silbrig grauer Patina, darauf sandfarbene und kittgraue Kissen und Decken, bis hin zum transparenten Sonnensegel. Setzen Sie Pflanzen nur sparsam ein und beschränken Sie sich auf filigrane Gehölze und Kübelpflanzen, die vor allem durch ihr grünes Laub wirken. Ein so konzipierter Sitzplatz lädt dazu ein, das Draußen-Wohnen zu zelebrieren. Direkt am Haus gelegen, ist die Terrasse eine willkommene Erweiterung von Wohn- und Esszimmer.

Improvisiertes für den Kaffeeklatsch

Manchmal sind die ganz einfachen Lösungen am überzeugendsten. Nutzen Sie einen schon vorhandenen Sitzplatz und funktionieren Sie ihn nach Lust und Laune um. Oft sind an den besonders schönen Ecken schon Sitzgelegenheiten vorhanden. Eine Bank steht beispielsweise auf einem kleinen Platz am Ende des Weges, umgeben von Sträuchern. Zur Blütezeit ist es dort besonders schön. Warum also nicht einfach noch einen Tisch und ein paar Stühle dazustellen? Viele Modelle aus Aluminium oder Polyrattan sind recht leicht und lassen sich problemlos immer wieder an andere Stellen im Garten tragen. Damit die Möbel wie aus einem Guss wirken, obwohl sie aus verschiedenen Materialien sind, ergänzen Sie sie mit zusammen passenden Kissen. Denn Behaglichkeit entsteht auch durch Textilien und hübsche Dekoration.

Welch ein Ambiente

Es müssen nicht immer Blumen sein. Origineller Mittelpunkt dieser Tafel ist ein Salatkopf in der Vase.

Gemütlichkeit, Entspannung, Gastlichkeit – kurzum sich willkommen fühlen. Das ist Das A und O für jedes Gartenfest. Dazu trägt, neben der guten Laune des Gastgebers, eine schöne Tischdekoration ebenso bei, wie eine kuschelige Beleuchtung in den Abendstunden.

Tolle Ideen für Tischdekorationen

Zur sommerlichen Gartenparty gehört auch eine schöne Tischdekoration. In der warmen Jahreszeit können Sie nach Lust und Laune aus der ganzen Fülle schöpfen: Ob einzelne Blüten, dicke Sträuße aus bunten Sommerblumen, schöne Früchte und Gräser – bei einem Gang durch den Garten werden Sie schnell fündig. Im Frühsommer beispielsweise haben Sie die Auswahl aus Margeriten, Glockenblumen, Bart-Nelken und weiteren duftigen Sommerblühern. Zu üppigen Sträußen gebunden sind sie am wirkungsvollsten. Aber auch kleine Dekorationen aus einzelnen Blüten, Kränze aus Gänseblümchen, die um Windlichter gewunden werden, oder Ministräußchen in Eierbechern geben der Tischdekoration eine heitere Note. Im Spätsommer und im Herbst fallen die Zutaten etwas barocker aus. Einzelne große Dahlienblüten schmücken kleine Schalen. Seerosen schwimmen zeitweise in einer wassergefüllten Porzellanschüssel, wo kleine Schwimmkerzen um sie herum treiben. Anstatt Rosenblüten verwenden Sie nun deren Hagebutten zusammen mit anderen dekorativen Fruchtständen und schönem Laub für aparte Gestecke.

Feiern Sie ein Rosenfest

Im Hochsommer ab Juni beginnen die Rosen zu blühen, und dies könnte doch ein schöner Anlass sein, im eigenen Garten ein Rosenfest zu feiern. Ihre Gäste könnten sich mit Ihnen an der üppigen Fülle der Rosenblüten und an ihrem Duft erfreuen. Besonders wenn Sie die einmal blühenden Historischen Rosen in ihrem Garten haben, verströmen sie nun ihren unvergleichlichen Duft. Vielleicht lässt es sich ja einrichten, direkt an einer duftenden Rambler- oder einer üppigen Strauch-Rose den Esstisch samt Stühlen aufzustellen und dort zu feiern.

Sanftes Licht für eine romantische Gartenparty

Nichts geht über eine schöne Beleuchtung. Es gibt unzählige Lampen, die mit Strom oder Solarenergie betrieben werden. Diese verbreiten aber in den meisten Fällen kein so warmes und romantisches Licht wie echte Flammen und Kerzen. Die Möglichkeiten reichen von romantischen Fackeln über die klassische Laterne bis hin zu fröhlichen Lampions. Feuer trägt nicht nur zu einem schönen Ambiente bei und sorgt für einen leicht dramatischen Effekt. Sie können es durchaus zum Beleuchten des Gartenwegs für einen Abend nutzen. Stellen Sie auf Treppenstufen beispielsweise Teelichter in schönen Glasbehältern auf, Gartenwege können Sie mit Fackeln romantisch und trotzdem sicher beleuchten. Rund um die Tafel verzaubern Laternen und Windlichter die Gäste mit ihrem flackernden Schein.
Zur Dekoration von Pavillon oder Gartenlaube eignen sich Lichterketten. Mit kleinen Schirmchen in den verschiedensten Formen und Farben sehen Sie auch überhaupt nicht weihnachtlich aus. Sie können sie ebenfalls über Sträucher und Bäume rund um den Sitzplatz drapieren. Moderne LED-Lichter überzeugen übrigens durch sehr geringen Stromverbrauch und eine lange Lebensdauer. Achten Sie bitte darauf, dass sie für den Außenbereich vorgesehen sind.

Im Garten finden sich zu jeder Jahreszeit hübsche Zutaten für einen Strauß.

Windlichter aus Obst und Gemüse

Teelichter müssen nicht immer in Gläsern oder Keramiktöpfchen stehen. Geben Sie ihnen doch einmal ein Zuhause aus ausgehöhlten Mini-Kürbissen, Kugel-Zucchini oder Äpfeln. Dazu nehmen Sie Früchte, die ungefähr so groß wie ein Tennisball sind. Schneiden Sie einen Deckel so ab, dass unten $4/5$ der Frucht erhalten bleiben und höhlen Sie sie soweit aus, dass ein Teelicht hineinpasst. Darüber sollte noch ein etwa 1 cm hoher Rand stehen bleiben, dann gehen die Teelichter bei einem Windhauch nicht sofort aus.

1 Blümchen an der Schnur

Blumendekorationen müssen gar nicht aufwendig sein. Schon mit ein paar einzelnen Blütenständen geben Sie jeder Tischdekoration eine ganz individuelle Note. Und wenn auf dem Tisch kein Platz mehr ist, kommen die Blüten einfach kopfüber aufgereiht an die Leine, die Sie über den Tisch entlang spannen.

2 Herbstdeko

Ein Erntekranz mit Früchten und bunten Blättern gehört zu einem fröhlichen Herbstfest im Garten unbedingt dazu. Wenn Sie alles in einem entsprechenden Gestell dekorieren und zusätzlich mit Kerzen bestücken, erhalten Sie einen originellen Kronleuchter, der für wirkungsvolles Licht beim Feiern sorgt.

3 Kerze im Glas

Mit weichem flackerndem Kerzenschein erzeugen Sie auch im Garten eine romantische Stimmung. In schönen Halterungen lassen sich Kerzen auch gut in Baumkronen befestigen. Damit der Wind sie nicht auspustet, gibt es formschöne Glashauben, in denen sich die Flammen wunderschön spiegeln.

4 Gläser mit Blütendeko

In ihrer Form den guten alten Petroleumlampen mit einem Bügel zum Aufhängen nachempfunden, schmücken sich die Glasbehälter mit einer strukturierten Oberfläche, die den Schein der Lichtquelle auf dekorative Weise bricht. Ins Innere kommen dicke Kerzen oder auch Teelichter.

5 Lampions

Bunte Lampions durften schon immer bei keinem Kindergeburtstag fehlen. Und Lichterketten sind die klassische Partybeleuchtung, seit der Strom aus der Steckdose kommt. In Kombination ergibt beides eine stimmungsvolle Lampionkette.

6 Windspiel

Windspiele haben etwas Beruhigendes, wenn der Wind durch sie hindurchstreift und ihnen sanfte Töne entlockt. Besonders schöne Exemplare können Sie aus Stoffresten, bunten Borten und Quasten sowie Draht auch selber basteln. Im Innern sorgen Schnüre mit aufgereihten Metallplättchen oder Glöckchen für den akustischen Genuss.

1
2
3

So wird's kuschelig

Schon Kleinigkeiten sorgen für die besondere Wohlfühlatmosphäre, bei der die Gäste auch gerne etwas länger bleiben. Besonders wichtig ist eine stimmungsvolle Beleuchtung für abendliche Feiern nicht nur im Sommer.

5 
4  6

Kochen unter freiem Himmel

Wenn Sie den Sommer am liebsten rund um die Uhr auf der Terrasse und im Garten verbringen; mit Speis und Trank, mit der Familie oder mit netten Gästen, wäre es doch nur logisch, auch die Zubereitung der Speisen nach draußen zu verlagern.

Grillen überm Lagerfeuer

Bereits unsere Vorfahren haben Speisen über dem Lagerfeuer gegrillt und gekocht. Offenes Feuer übt auch heute noch eine unglaubliche Faszination auf uns aus (siehe auch Seite 146). Diese ursprünglichste Form des Grillens verleiht den Gerichten nicht nur einen besonderen Geschmack, sondern macht auch Spaß. Besonders Kinder lieben diese rustikale Art der Essenszubereitung: Fleischstücke, Würstchen oder Gemüsespieße werden einfach direkt über das Lagerfeuer gehalten. Verwendet werden können dabei sowohl lange Holz- als auch Metallspieße. Holzspieße sollten Sie vorher in Wasser einweichen, bevor Sie Fleisch oder Gemüse daraufstecken. Ansonsten verbrennen sie zu schnell. Metallspieße leiten Hitze besonders gut, weshalb Sie sie aber nur mit Handschuhen anfassen sollten. Lange Spieße brauchen Sie übrigens nicht die ganze Zeit festhalten, Sie können sie über dem Lagerfeuer schräg in den Boden stecken.

Aber es muss nicht unbedingt der Gemüsespieß sein. Sie können auch rohe Kartoffeln in Alufolie einwickeln und diese zum Garen direkt in die Glut legen.

Köstliche Brote, Pizzen und Kuchen lassen sich in einem Steinbackofen backen.

Besonderer Geschmack aus dem Holzbackofen

Der Backofen im Freien erlebt in den letzten Jahren eine Renaissance – und dies nicht nur, weil darin wie früher wohlschmeckendes Holzofenbrot gebacken werden kann. Auch Köstlichkeiten wie Flammkuchen und Quiches bekommen in einem Holzbackofen ein besonderes Aroma. Der Grund dafür ist, dass die Temperatur hier viel höher ist als in einem gewöhnlichen mit Strom oder Gas betriebenen Backofen oder in einem Grillkamin. Auch der Ofen in einer traditionellen Pizzeria ist nach dem gleichen Prinzip konzipiert. Nur hier wird der Teig so unvergleichlich knusprig. Das Geheimnis ist die Kammer aus extrem hitzebeständigen Schamottsteinen, die sich stark aufheizen und dann die Hitze auch extrem lange halten. Selbst nach mehreren Stunden ohne Befeuerung sinkt die Temperatur nur wenig.

Einen Holzbackofen selbst zu bauen, ist nicht ganz einfach, aber inzwischen gibt es mehrere Hersteller, die fertige Öfen oder Bausätze anbieten, bei denen Sie nur noch wenige Teile zusammenfügen müssen.

Trendy und luxuriös: Outdoor-Küchen

Laue Sommerabende sind ideal für ein Essen mit Freunden oder der ganzen Familie unter freiem Himmel. Wer dabei nicht jedes Mal gegrilltes Steak und Bratwürste anbieten möchte, spielt vielleicht mit dem Gedanken, sich eine sogenannte Outdoor-Küche anzuschaffen. Die Freiluftküche, die aus Koch- und Grillstelle, Spülbecken und großzügigen Arbeitsflächen sowie Stauraum für Töpfe, Teller und Gewürze besteht, liegt derzeit voll im Trend. Und das aus gutem Grund: Hier können Sie gemeinsam mit Freunden schnippeln, kochen, braten, anrichten und natürlich schwatzen – all das, ohne andauernd in die Küche laufen zu müssen, weil noch eine Schüssel oder die entscheidende Zutat fehlt. Inzwischen bieten zahlreiche Hersteller vielfältige Modelle an, die kaum Wünsche offenlassen. Das Material bei den Fronten reicht von Edelstahl über Teak bis hin zu Kunststoff, die Arbeitsplatten sind meist aus Edelstahl oder edlem Naturstein. Auch beim Design ist für jeden Geschmack etwas Passendes dabei. Einzelne Küchenelemente, vom einfachen Grill bis zum exklusiven japanischen Kochfeld, sind bei den meisten Küchen frei kombinierbar. Also auf ins Freiluft-Kochvergnügen!

Stockbrot – ein besonderes Grillvergnügen für Kinder

SO WIRD'S GEMACHT:

In einer großen Schüssel das Mehl mit Trockenhefe, Salz, Zucker und Oregano mischen. Danach unter Rühren Öl, Essig und das Wasser hinzugeben. Die Mischung muss gut durchgeknetet werden und dann an einem warmen Ort zugedeckt gehen, bis sich die Masse etwa verdoppelt hat.

Dann geht es los: Für ein Stockbrot einen tennisballgroßen Teigklumpen abreißen, in die Länge ziehen und spiralförmig um das obere Drittel eines mindestens 1 m langen Zweiges wickeln. Der Zweig sollte von einem ungiftigen Baum stammen, etwa 2 cm dick sein und entweder eine glatte Rinde haben oder vorher entrindet werden. Über das Feuer gehalten, dauert es nur einige Minuten, bis der Teig gar ist. Der rohe Hefeteig duftet bereits verführerisch, und beim Garen steigen uns weitere köstliche Aromen in die Nase. Es riecht besser als in jeder Backstube! Damit das Stockbrot gleichmäßig bräunt und auf keiner Seite zu dunkel wird, drehen Sie es immer wieder ein Stückchen weiter. Kleine Kinder bitte unbedingt beaufsichtigen!

Stockbrot weckt Erinnerungen: erst den Stock zurechtschnitzen, dann den Teig beim Backen im Feuer beobachten …

ZUTATEN FÜR 4 PORTIONEN:

› 500 g Mehl
› 1 Päckchen Trockenhefe
› 1 TL Salz
› 1 EL Zucker
› 1 TL Oregano
› ½ TL Essig
› 4 EL Öl
› 250 ml handwarmes Wasser

Reiche Ernte frisch auf den Tisch

Manch einer gibt sich beim Grillen mit Fleisch und Weißbrot zufrieden. Zu einem lukullischen Erlebnis wird eine Gartenparty aber erst mit leckeren Salaten, Dips, Gemüsebeilagen und anderen Köstlichkeiten. Die Zutaten ernten Sie natürlich frisch im eigenen Garten.

Ein großes Buffet für den großen Appetit

Die Malvenblüte macht aus dem Karottensalat gleich ein Feuerwerk der Farben.

Wenn im Garten die Erntezeit anbricht und plötzlich große Mengen an Obst und Gemüse reif werden, ist die richtige Zeit für eine große Gartenparty. Zaubern Sie aus all diesen Köstlichkeiten ein üppiges Buffet und laden Sie Freunde und Nachbarn ein. Dazu gibt es Fleisch und Fisch vom Grill, aber auch Gemüsespieße für Vegetarier. Übrigens können Sie auch viele Gemüse marinieren und auf den Grill legen, entweder direkt oder in Alufolie gewickelt. Hierfür eignen sich Paprika und Zucchini besonders gut. 4–5 Stunden in eine Mischung aus Öl, Knoblauch und Kräutern eingelegt, macht sie zu einem wahren Geschmackserlebnis. Auch Knollen-Fenchel schmeckt gegrillt ganz köstlich.

Bei der Zubereitung von leckeren Salaten können Sie aus dem Vollen schöpfen: Kopf- und Schnittsalate, Radieschen, Karotten, Tomaten und natürlich all die leckeren Kräuter. Haben Sie schon einmal Salat mit Früchten kombiniert? Johannisbeeren harmonieren ganz hervorragend mit klassischen Blattsalaten und einer säuerlichen Salatsoße auf Essigbasis.

Lecker und unkompliziert sind auch Gemüsestreifen aus Karotte, Paprika oder Stangen-Sellerie. Zusammen mit vielen leckeren Dips aus Quark und Frischkäse, natürlich immer mit Kräutern abgeschmeckt, sind sie eine leichte und gesunde Knabberei für zwischendurch.

Köstlich sind auch Tartes und „Kuchen" mit herzhaftem Belag, wie beispielsweise die klassischen Ratatouille-Gemüsesorten Aubergine, Paprika und Zucchini. Tartes schmecken warm und kalt gleichermaßen. An heißen Tagen munden kalte Suppen besonders gut, zum Beispiel eine gut gekühlte Gurken- oder auch eine Tomatensuppe (Rezept siehe Seite 148).

Beim Obst haben Sie ebenfalls eine große Auswahl für Ihr Buffet: Obstsalate aus den Früchten der Saison, saftige Kuchen vom Blech, je nach Jahreszeit mit Pflaumen, Äpfeln oder Pfirsichen, unglaublich leckere Milchshakes mit pürierten Früchten – oder einfach nur Quark mit Erdbeeren, der ultimativen Nachspeise des Hochsommers.

Knackfrischer Salat, verziert
mit allerlei essbaren Blüten,
so mögen sogar Kinder das
gesunde „Grünzeug".

Erntedankfest

Im Herbst bietet der Garten ein ganzes Füllhorn an Leckereien für eine Gartenparty. Wie wäre es einmal mit einem Sonntagsbrunch im Freien, das Sie als
Kürbisfest feiern? Es gibt selbstverständlich Kürbisbrot und Konfitüre aus
Kürbis, eine leckere Kürbissuppe, die natürlich in einem ausgehöhlten Kürbis
serviert wird, und einen Flammkuchen mit Speck. Ihren Ideen sind hierbei
keine Grenzen gesetzt.
Wunderbar dazu passt eine Tischdekoration in leuchtenden Herbstfarben
mit – Sie ahnen es bereits – ausgehöhlten und geschnitzten Kürbissen, in
denen kleine Kerzen oder Teelichter brennen, und vielen Zier-Kürbissen. Kombinieren Sie alles mit den Ranken von Wildem Wein, Efeuzweigen, Hagebutten
und anderen schönen Samenständen. Und sollte es schon ein wenig kühl sein,
stellen Sie einen Feuerkorb (siehe Seite 146) mit knisternd brennenden Holzscheiten in die Nähe.

Kalt und köstlich

Draußen ist es heiß. Wir haben keinen Hunger, nur etwas Appetit. Dann ist eine kalte Suppe genau das Richtige. Mein Rezeptvorschlag lässt sich ganz schnell und einfach zaubern. Schön angerichtet wird die Suppe in kleinen Einmachgläsern.

Kalte Tomatensuppe

**ZUTATEN FÜR
8 PERSONEN:**

› 2 große Zwiebeln
› 2 Knoblauchzehen
› 1 EL Öl
› 1 kg Tomaten
› 1 Tasse heiße Gemüsebrühe
› 2 EL milden Essig
› Salz
› Pfeffer
› Zucker

SO WIRD'S GEMACHT:

Zwiebeln und Knoblauch schälen und würfeln. Öl in einem großen Topf erhitzen, Zwiebeln und Knoblauch darin glasig dünsten. Tomaten hinzufügen und alles mit 1 l Wasser und der Brühe angießen. Aufkochen und ohne Deckel etwa 15 min köcheln lassen.

Die Suppe pürieren und mit Essig, Salz, Pfeffer und Zucker abschmecken, abkühlen lassen. Danach in den Kühlschrank stellen und gut (mindestens 2 Stunden) durchkühlen lassen.

Kurz vor dem Servieren die Gurke waschen, längs halbieren und entkernen. Dann würfeln und, bis auf ein paar Stückchen zur Garnierung, in die kalte Suppe rühren. Etwas Paprika oder Cayennepfeffer darüberstäuben. Basilikum abspülen und die Blättchen abzupfen. Die Suppe mit dem Rest Gurkenwürfel und dem Basilikum bestreuen.

Feuer und Flamme für Kamine und andere Feuerstellen

Schon im Haus verbreiten Kamine und Öfen eine unnach-ahmlich kuschelige Atmosphäre und auch im Garten sorgen sie für ein heimeliges Gefühl. Denn oft wird nach Sonnen-untergang die Luft feuchter, und vor allem in Bodennähe sorgen kalte Lüfte dafür, dass einem kühl um die unbe-strumpften Beine wird.

Gartenkamine bringen Wohlbehagen ins grüne Wohnzimmer

Die angenehme Strahlungswärme von offenem Feuer macht es möglich, auch zu später Stunde noch gemütlich beisammen zu sitzen. Vor allem auf der Terrasse tut ein Kamin gute Dienste. Er sorgt für wohlige Temperaturen und das Knistern des Feuers schafft zusätzlich eine behagliche Stimmung. Beson-ders praktisch und schön sind gemauerte, offene Kamine, die allerdings kaum allein gebaut werden können. Hier benötigen Sie den Fachmann. Auf dem Markt sind aber inzwischen kleine, fertig aufgebaute Kamine, die nicht allzu schwer sind und daher relativ einfach dorthin transportiert werden können, wo sie gebraucht werden.

Schon lange bekannt sind die sogenannten Aztekenöfen, die meist aus hitze-beständiger Keramik gefertigt sind. Die Form ist simpel: An eine bauchige Brennkammer, in die das Brennholz kommt, schließt sich oben ein Kamin-abzug an. Wenn Sie unter das Brennholz noch eine Schicht Ziegelsteine legen, hält sich die Wärme länger. Übrigens eignen sich einige dieser Öfen durch entsprechendes Zubehör auch zum Grillen. Dann sollten Sie sie aber nicht mit Holzscheiten beheizen, sondern besser mit klassischer Grillkohle.

Eine Feuerstelle im Garten

Lagerfeuer bedeutet für Sie Romantik pur? Dann sollte eine Feuerstelle in Ihrem Garten nicht fehlen. Ob ein knisterndes Feuer in einem einfachen Steinkreis auf dem Boden oder eine schicke Feuerschale – mit offenem Feuer sollten Sie nur an einem Ort ohne Bäume oder sonstigem leicht brennbaren Material in der Nähe hantieren.

Sie können Ihre Gäste wirklich mit einem echten Lagerfeuer überraschen: Heben Sie dazu ein etwa 10 cm tiefes Viereck oder einen Kreis aus dem Rasen aus. Für ein einfaches Lagerfeuer, das Sie mit ein paar Freunden teilen, reicht ein Durchmesser von etwa 80 cm vollkommen aus. Die Grassoden können Sie

QUALITÄT ZAHLT SICH AUS

Einen hochwertigen Feuerkorb erkennen Sie an seinen kom-plett geschlossenen Schweiß-nähten. Außerdem stehen die Stäbe ringsherum eng neben-einander, sodass selbst kleine Holzscheite nicht herausfallen können. Der Korb sollte am bes-ten aus massivem Eisen sein.

Lodernde Flammen im Feuerkorb wärmen und zaubern eine
heimelige Atmosphäre.

Behagliches Schwedenfeuer:
ein dicker, tief eingeschnittener
Holzscheit, aus dem die
Flammen lodern.

aufheben und ein bis zwei Tage später wieder auf die erkaltete Feuerstelle
legen. Als Begrenzung der Feuerstelle können Sie rund um das ausgehobene
Loch noch eine Reihe Steine legen. So vermeiden Sie ein zu starkes Verteilen
der Glut in die Umgebung. Aber denken Sie bitte daran: Bei langanhaltender
Trockenheit warten Sie mit dem Entzünden lieber noch.

Wem das zu aufwendig, vielleicht auch zu rustikal ist, der kann mit einem
Feuerkorb oder einer Feuerschale Flammen in den Garten bringen. Flache,
unten geschlossene Feuerschalen schaffen knisternde Lagerfeueratmosphäre,
ohne die Rasenflächen zu ruinieren. Sie können Sie dort aufstellen, wo es
gerade windgeschützt ist.

Die höheren Feuerkörbe sind aus den verschiedensten feuerfesten Materialien
gefertigt und in unterschiedlichen Größen und Designs erhältlich. Mediterrane Feuerkörbe sind oft aus dunkel lackiertem Eisen. Sie können auch mit
einem zusätzlichen Grillaufsatz zu einem Grillkorb umfunktioniert werden.
Bei manchen Modellen gehört ein Grillgitter zur Ausstattung. Viele davon sind
aus handgeschmiedetem Eisen und erhalten innerhalb recht kurzer Zeit ihre
typisch rostige Färbung. Eine Schwarzpulverbeschichtung schützt gegen Witterungseinflüsse. Auch Feuerkörbe aus Aluminium oder gebürstetem Edelstahl
mit Nieten liegen im Trend.

Der Vorteil von Feuerkörben und -schalen gegenüber einem offenen Lagerfeuer besteht darin, dass hier das Holz kontrolliert herunterbrennen kann.
Unter den Fußteilen gibt es zudem Aschebleche, die den Rasen oder den Ter-
rassenbelag schützen.

Service

Das Buch ist schon ausgelesen und Sie brauchen
Nachschub? Oder Sie wollen sich im Internet wei-
tere Informationen holen oder gleich die passenden
Pflanzen und Accessoires bestellen, dann finden
Sie auf den folgenden Seiten hilfreiche Tipps und
Infos.

Lieblingsbücher zum Thema

Adams, Katharina: Romantische Sitzplätze: Lieblingsplätze im Garten. av-Verlag, 2011.
Zu einem Wohlfühlgarten gehören Sitz- und Entspannungsplätze. In diesem Buch finden Sie zahlreiche Anregungen, wie Sie Ihren Garten aus ganz verschiedenen Perspektiven genießen können.

Barlage, Andreas und von Berger, Frank Michael: Das große Buch der Stauden: 1800 Gartenblumen und Gräser von A-Z. Verlag Eugen Ulmer, 2011.
Dieses Buch stellt die schönsten Stauden, samt Pflegetipps und Sortenempfehlungen, vor.

Beiser, Rudi: Mein Heilpflanzengarten: Gesunde Kräuter pflanzen, ernten und anwenden. Verlag Eugen Ulmer, 2012.
Rudi Beiser zeigt, wie Heilpflanzen auch im Garten gedeihen. So haben Sie für viele Beschwerden oder einfach zur Steigerung Ihres Wohlbefindens die passende Pflanze parat. Mit Rezepten und Tipps zum Haltbarmachen.

Braun, Harald: Fotobuch Gartengestaltung: 400 Ideen für jeden Garten. 2. Auflage, Verlag Eugen Ulmer, 2011.
Wer sich bei der Gartengestaltung gerne inspirieren lässt, wird sicher in diesem Ideenbuch fündig. Zahlreiche Abbildungen zeigen verschiedene Materialien und Muster – von Pflastersteinen bis Zäunen.

Büch, Christiane: Gärtnerseelen: Warum Dreck unter den Fingernägeln glücklich macht. Verlag Eugen Ulmer, 2012.
Die Autorin ist der Frage nachgegangen, warum Gärtnern so zufrieden macht. Dazu hat sie acht Gartenbesitzer und ihre Gärten über Monate hinweg besucht, Gespräche geführt und sich ihre eigenen Gedanken gemacht. Ein sehr persönliches Buch.

Doschka, Roland und Göhner, Manuela: Ein Spaziergang durch unseren Garten. Verlag Eugen Ulmer, 2012.
Dieses Buch stellt in vielen großformatigen Bildern einen regelrechten Gartentraum vor.

Joachimsthaler, Jana und Szill, Silvia: Mein Zuhause im Grünen: Kreative Ideen für Balkon, Garten und Terrasse. Frech-Verlag, 2012.
Ein praktisches Buch mit Anregungen zum Basteln und Werkeln. Kleine Projekte, die den Garten oder den Balkon verschönern, sind damit schnell umgesetzt.

Peltzer, Evi und Meyer-Rebentisch, Karen: Landgärten: Private Paradiese zum Träumen. BLV, 2012.
In diesem Buch bringen uns die Autorinnen die ganze Fülle ländlicher Gärten näher. Ob Cottageoder Nutzgarten, alle haben ihren eigenen Charme.

von dem Bussche, Viktoria und Rogers, Gary: Ich träume von einem Küchengarten. Callwey, 2012.
Frau von dem Bussche nimmt uns mit auf einen Streifzug durch den Küchengarten von Schloss Ippenburg und ihre darin gesäten und gepflanzten Köstlichkeiten.

von Berger, Frank Michael: Gartenblumen in Harmonie: Stauden gekonnt kombinieren. Verlag Eugen Ulmer, 2012.
Hier lernen Sie eine interessante Methode kennen, verschiedene Stauden zu kombinieren. So fällt es jedem leicht, harmonische Gartenbilder nach persönlichem Geschmack zu kreieren.

Alles auf einen Klick

Ein interessanter Blog des Wildstaudenenthusiasten Jochen Wegner, der seinen sehenswerten Garten auch für Besucher öffnet:
www.wildstauden.blogspot.de

Eine begeisterte Gärtnerin schreibt über Storchschnabel, aber auch viele andere Stauden unter:
www.hardy-geranium.blogspot.de

Die Bayrische Landesanstalt für Weinbau und Gartenbau bietet viele Informationen rund um den Hausgarten: www.stmelf.bayern.de

Alles rund um Gartenmöbel: Wenn Sie mehr über die verschiedenen Materialien und führende Hersteller erfahren möchten:
www.gartenmmoebel.info

Eine ganz praktische Website mit zahlreichen Tipps zu allem, was übers Jahr im Garten so anfällt, finden Sie unter: www.hausgarten.net

Bezugsquellen

Gärtnereien, Baumschulen und Gartencenter
Gartencenter in Ihrer Nähe finden Sie über:
www.gartencenter.de

Alle Baumschulen, die im Bund deutscher Baumschulen (BdB) organisiert sind, lassen sich hier nach Sortimenten und Region suchen:
www.bund-deutscher-baumschulen.de

Interessantes zu Stauden und Bezugsquellen finden Sie hier: www.stauden.de

Die Kräutergärtnerei Rühlemann hat über 1500 Sorten Kräuter und Duftpflanzen im Programm:
www.kraeuter-und-duftpflanzen.de

Die Gärtnerei Syringa verkauft ein großes Sortiment an Duftpflanzen, aber auch Kräuter und Stauden, insbesondere Päonien:
www.syringa-pflanzen.de

Die Baumschule Horstmann bietet in ihrem Onlineshop ein umfangreiches Sortiment an Gehölzen, Obstbäumen, Stauden und Rosen an:
www.baumschule-horstmann.de

Bingenheimer Saatgut: Wer Wert auf biologisches Saatgut legt, wird hier fündig:
www.bingenheimersaatgut.de

Gartendekorationen und Feuerstellen
Schönes für den Garten, vom Pavillon über Feuerkörbe bis zu Möbeln bietet der Webshop www.mirabeau.de

Hier können Sie sich Ihre Gartenkissen selber in verschiedenen Maßen und Materialien designen und liefern lassen: www.kisseria.de

Gartengrills, Feuerschalen und Feuerkörbe made in Germany gibt es bei: www.ricon-manufaktur.de

Register

Bildquellen

Adams, Katharina: Seite 10, 15 li., 18 (2), 19 (5), 19 (6), 37 (6)
Bildagentur Waldhäusl/ ArcoImages/O. Diez: Seite 82
Blickwinkel/F.Hecker: Seite 58 u.
Blickwinkel/McPhoto: Seite 84
Blickwinkel/McPhoto: Seite 58 o.
Botanikfoto/HeinzHauser: Seite 101 li.
Botanikfoto/SteffenHauser: Seite 18 (4), 21 re., 85, 114 (3), 115 (5),
Flora Press: Seite 142 (4)
Flora Press/BIOSPHOTO: Seite 105 li.
Flora Press/Birgit Pollak: Seite 142 (3)
Flora Press/Christine Ann Föll: Seite 39
Flora Press/Edition Phönix: Seite 147
Flora Press/Emotive Images: Seite 139
Flora Press/Helga Noack: Seite 125 re. u.
Flora Press/Living & More: Titelbild, Seite 8
Flora Press/Pavel Ovsík: Seite 4 o., 142 (1), 143 (2)
FloraPress/Bine Brändle: Seite 5, 41 re., 42 li.
FloraPress/Daniela Kunze: Seite 22 li.
FloraPress/Daniele Behr: Seite 22 re.
FloraPress/Edition Phönix: Seite 16
FloraPress/Focus on Garden/Luckner: Seite 32
FloraPress/Helga Noack: Seite 25, 77 re.
FloraPress/Oredia: Seite 47
FloraPress/Sibylle Pietrek: Seite 112
FloraPress/The Garden Collection Andrew Lawson: Seite 35
FloraPress/The Garden Collection Emma; Design: Yvonne Mathews: Seite 43
FloraPress/Ute Köhler: Seite 23
Fotolia/Alois: Seite 121 re.
Fotolia/anne3766: Seite 29 (3)
Fotolia/ArVis: Seite 63 (4)
Fotolia/Barbara Pheby: Seite 96
Fotolia/Birgit Kutzera: Seite 118
Fotolia/ChristianJung: Seite 117, 135
Fotolia/ChristianPedant: Seite 18 (1)
Fotolia/claireliz: Seite 53 re.
Fotolia/draghicich: Seite 80
Fotolia/E.Schittenhelm: Seite 65 li.
Fotolia/felinda: Seite 129
Fotolia/fotoknips: Seite 102
Fotolia/gudrun: Seite 56 (3)
Fotolia/H.D.Volz: Seite 57 (6)
Fotolia/haitaucher39: Seite 151 li.
Fotolia/hapa7: Seite 115 (6)
Fotolia/lapuschka: Seite 75 re. u.
Fotolia/LilyanaVynogradova: Seite 97
Fotolia/M. Schuppich: Seite 88 (2)
Fotolia/maunzel: Seite 29 (5)
Fotolia/mch67: Seite 89 (6)
Fotolia/mickey120: Seite 74
Fotolia/minik: Seite 75 re. o.
Fotolia/monropic: Seite 89 (4)

Fotolia/Olaf Rehmert: Seite 125 li.
Fotolia/Philip Stridh: Seite 140
Fotolia/pixelunikat: Seite 122
Fotolia/qphotomania: Seite 54
Fotolia/Raffalo: Seite 114 (1)
Fotolia/SandraThiele: Seite 27
Fotolia/SonjaBirkelbach: Seite 114 (2)
Fotolia/sonne07: Seite 67 li.
Fotolia/Stefan Körber: Seite 136, 157
Fotolia/StefanieB.: Seite 62 (1)
Fotolia/Sven Knie: Seite 37 (3)
Fotolia/sylvie92: Seite 63 (3)
Fotolia/Team5: Seite 127
Fotolia/Thomas Renz: Seite 88 (1)
Fotolia/tobago77: Seite 88 (3)
Fotolia/tolism: Seite 149
Fotolia/TwilightArtPictures: Seite 108 u.
Fotolia/ulga: Seite 63 (6)
Fotolia/unpict: Seite 4 u., 131
Fotolia/WernerHilpert: Seite 37 (4)
Fotolia/WolfgangBerroth: Seite 38 o.
Gronau, Martina: Seite 86, 87
iStockfoto/kjohansen: Seite 48
Kowalzik, Doris: Seite 38 u., 109 re., 128, 143 (6), 146
mauritius images: Seite 6, 9, 12, 13, 15 re., 17, 18 (3), 21 li., 28 (1), 28 (2), 29 (4), 29 (6), 30, 33, 34, 36 (1), 36 (2), 37 (5), 41 li., 42 re., 45 li., 45 re., 46, 49 li., 49 re., 50, 53 li., 56 (1), 56 (2), 57 (4), 57 (5), 60, 61, 62 (2), 63 (5), 65 re., 67 re., 69 li., 69 re., 71, 72, 75 li., 78, 89 (5), 90, 93, 94, 95 li., 98, 101 re., 103, 107, 108 o., 111 li., 111 re., 114 (4), 121 li., 123, 125 re. o., 132, 133, 141, 143 (5), 144, 145, 151 re., 152, 154, 155, 158
Pixelio/Albedo: Seite 91
Pixelio/AlbrechtArnold: Seite 83
Pixelio/DirkSchelpe: Seite 59
Pixelio/LiliGraphie: Seite 124
Pixelio/Manfred_Schimmel: Seite 77 li.
Pixelio/P.Zvezda: Seite 105 re.
Pixelio/TorstenRempt: Seite 95 re.
Thinkstock: Seite 55, 109 li.

Die in diesem Buch enthaltenen Empfehlungen und Angaben sind vom Autor mit größter Sorgfalt zusammengestellt und geprüft worden. Eine Garantie für die Richtigkeit der Angaben kann aber nicht gegeben werden. Autor und Verlag übernehmen keinerlei Haftung für Schäden und Unfälle.

Bibliografische Information der Deutschen Nationalbibliothek
Die Deutsche Nationalbibliothek verzeichnet diese Publikation in der Deutschen Nationalbibliografie; detaillierte bibliografische Daten sind im Internet über http://dnb.d-nb.de abrufbar.

Das Werk einschließlich aller seiner Teile ist urheberrechtlich geschützt. Jede Verwertung außerhalb der engen Grenzen des Urheberrechtsgesetzes ist ohne Zustimmung des Verlages unzulässig und strafbar. Das gilt insbesondere für Vervielfältigungen, Übersetzungen, Mikroverfilmungen und die Einspeicherung und Verarbeitung in elektronischen Systemen.

© 2013 Eugen Ulmer KG
Wollgrasweg 41, 70599 Stuttgart (Hohenheim)
E-Mail: info@ulmer.de
Internet: www.ulmer.de
Lektorat: Antje Krause, Doris Kowalzik
Umschlagentwurf: red.sign, Anette Vogt, Stuttgart
Innenlayout und dtp: Atelier Reichert, Stuttgart
Reproduktion: Medienfabrik GmbH, Stuttgart
Druck und Bindung: Firmengruppe APPL, aprinta druck, Wemding
Printed in Germany

ISBN 978-3-8001-7779-0

Gesund und fit
mit Heilpflanzen

- Heilpflanzen für Garten, Balkon und Terrasse
- Mit Pflanzvorschlägen für schöne Heilkräuterbeete
- Leicht nachzumachende Rezepte für Küche und Wellness

- Neues, einzigartiges Well-Aging-Konzept von Ursel Bühring
- Monat für Monat ein Organ auf Vordermann bringen
- Mit Tipps zum Sammeln und Zubereiten der Heilpflanze

Mit Heilkräutern lassen sich viele Beschwerden kurieren oder einfach das Wohlbefinden steigern. Aber das Sammeln in Wald und Wiese ist Ihnen zu umständlich? Dann pflanzen Sie die besten Heilkräuter einfach in Ihren Garten. In diesem Buch erfahren Sie, wie Sie sie leicht selbst ziehen, ernten und verarbeiten können.

Ihr Inneres pflegen und auf Vordermann bringen gelingt am wirkungsvollsten, wenn Sie sich kurweise mit einer bestimmten Heilpflanze um Leber, Herz, Nerven und Co. kümmern. Dieses Buch zeigt verschiedene Wege dazu auf und Sie können wählen, was am besten zu Ihnen passt.

Mein Heilpflanzengarten.

Gesunde Kräuter pflanzen, ernten und anwenden. Rudi Beiser. 2012. 160 S., 159 Farbfotos und -zeichnungen, geb. ISBN 978-3-8001-7662-5.

Kuren für Körper und Seele.

Organe pflegen mit Heilpflanzen. Ursel Bühring. 2012. 190 S., 111 Farbfotos, 31 Zeichn., kart. ISBN 978-3-8001-7672-4.

Ganz nah dran.

Gartenparadiese
zum Träumen und Genießen

- Pflanzen nach ihren Wuchsformen harmonisch kombinieren
- In zwei Schritten zum harmonischen Beet
- Mehr als 270 Pflanzenarten und -sorten zur Auswahl

Träumen Sie auch von harmonischen Pflanzenkombinationen für Ihren Garten mit der gewissen Portion Spannung und Raffinesse? Versuchen Sie es einmal mit dieser Methode: Schauen Sie zuerst nur auf passende Wuchsformen und stellen Sie diese zu einem harmonischen Bild zusammen. Erst im zweiten Schritt wählen Sie dann konkrete Pflanzen aus. Dieses Buch zeigt Ihnen wie es geht.

Gartenblumen in Harmonie.
Stauden gekonnt kombinieren. Frank Michael von Berger. 2012. 144 Seiten, 280 Farbabbildungen, 5 Zeichnungen, geb. mit SU. ISBN 978-3-8001-7663-2.

- Christiane Büch begleitet elf beseelte GärtnerInnen durchs Jahr
- Stimmungsvolle Einblicke in eine Welt voller grüner und blühender Gedanken
- Mit wunderschönen, persönlichen Fotos

Warum macht Gärtnern glücklich? Gärtnern ist mehr als ein Hobby, es ist Leidenschaft. Aber was ist es genau? Warum lässt es uns nie wieder los? Christiane Büch versucht Antworten auf diese Fragen zu finden, lernt dabei viele begeisterte Gärtner und ihre Refugien kennen und hat Freunde fürs Leben gefunden. Das Tagebuch einer Gartenbegeisterten, zum Hineinträumen und Schwelgen.

Gärtnerseelen.
Warum Dreck unter den Fingernägeln glücklich macht. Christiane Büch. 2012. 192 S., 163 Farbfotos, geb. mit SU. ISBN 978-3-8001-7750-9.

 **www.ulmer.de**